사드의 모든 것

사드의 모든 것

정욱식 지음

유리창

사드가고 평화 오라!

사드란 녀석을 처음 안 게 17년 전입니다. '17년 동안 사드만 연구해온 사드의 달인'은 아니지만, 많은 글을 썼고 수없이 떠들었습니다. 작년 8월 초에 성주에 갔을 때 일입니다. 성주 전체가 '사드 반대' 현수막으로 채워져 있었습니다. 그런 광경은 처음 봤습니다. 그날 오전에 팟캐스트 '진짜안보' 현지 녹화를 하고 점심에는 새로운 후보지로 거론되던 성주 롯데 골프장 근처를 둘러봤습니다. 오후엔 김천 대책위 분들을 만났고 저녁에 다시 성주로 와서 촛불집회에서 강연을 했습니다. 사드란 말만 들어도 신물이 날 정도였지요. 그런데 서울행 KTX 좌석 번호마저 '4D'였습니다. 귀신, 아니 사드에 홀린 기분이랄까요.

이후에도 전국을 돌아다니면서 강연을 하고 글을 쓰면서 사드 반대 여론을 조금이나마 확산시키기 위해 노력했습니다. 하지만 내 안에서 매너리즘이 자라나고 있는 것도 느꼈습니다. 그런데 연말에 '정신 차리자'라고 각성한 계기들이 있었습니다. 송년회에서 만난 고교 동창들 몇 명이 하소연하더군요. 성형외과 의사, 동대문 시장 상인, 대기업 직원 등 다양한 직업을 가진 친구들이 "사드 때문에 힘들다."고요. 다음날 오전에는 정의당 정책자문회의에 참석했습니다. 심상정 대표께서 "야권이 사드 문제에 무기력해지고 있다. 대선후보들도 흔들린다."고 걱정하시더군요. 사무실에 돌아오니 제 책상 위에 성주 군민이 보내준 달력과 편지가 놓여 있었습니다. 달력에는 166일간의 투쟁의 기록이 사진에 담겨 있었고, 한 주민이 성탄절을 동료들과 함께 보내고 집에 돌아와서 쓰셨다는 편지에는 이런 구절이 있었습니다.

"평소보다 조금 일찍 돌아와서 습관처럼 소파에 기대어 앉아 TV를 켜는데 목에 울음이 턱 받칩니다. 요즘 들어 드물지 않은 일이고, 저뿐만 아니라 성주 사람들이 더러 겪고 있는 일입니다. (중략) 하지만 아무도 힘들다고 말하지 않습니다."

그렇습니다. 사드는 어느덧 우리 모두의 문제가 되고 말았습니다. 먹고 사는 일에 걱정이 없었던 친구들에게도, '박근혜 이후' 새로운 대한민국을 꿈꾸는 정치인들에게도, 성주 촛불집회 때마다 맨 앞줄에 자리를 잡으시는 사드 후보지 소성리 마을 할머니들에게도 사드는 근심어린 일상이 되었습니다. 제가 서둘러 이 책을 쓰게 된 절박한 이유입니다. 결심을 하고는 페이스북에 이런 글을 올렸습니다.

사드를 잘 모르는 분들께는 좋은 입문서가 될 것입니다.
사드에 찬성하는 분들께는 재고再考의 참고서가 될 것입니다.
사드에 반대하는 분들께는 논리의 지침서가 될 것입니다.

원고를 마무리하고 보니 이런 목표에 얼마나 근접했는지 확신이 서질 않습니다. 또한 이 책은 완전히 새로운 내용을 담고 있는 것도 아닙니다. 〈프레시안〉을 비롯한 여러 매체에 쓴 글을 다듬고, 국회연구용역서로 제출한 '사드가 한국의 안보에 미치는 영향 분석'에 많이 의존했습니다. 그럼에도 불구하고 사드 문제를 총체적이고 입체적으로 이해하는 데 도움이 될 것이라고 확신합니다. 대안도 그리 멀지 않은 곳에 있다는 걸 공감할 수 있을 겁니다.

저야 많은 분들이 읽었으면 하는 바람이지만, 꼭 집어서 이 책을 권하고 싶은 분들이 있습니다. 먼저 사드를 잘 모르시거나 입장을 정하기 애매하신 분들, 특히 사드에 찬성하시는 분들에게 일독을 요청드립니다. 그리고 대선후보들을 포함해 새로운 대한민국 건설을 다짐하고 있는 정치인들과 참모들께서도 읽어주시면 고맙겠습니다. '사드 대선'이 되지 않기를 바라지만, 이게 불가피하다면 당당히 맞서야 한다는 심정으로 이 책을 서둘러 썼습니다.

감사의 말씀도 전합니다. 먼저 성주와 김천 주민들, 원불교 관계자 여러분에게 감사의 말씀을 드리고 싶습니다. 이 분들은 대한민국 국민들을 대신해서, 그리고 대한민국의 미래를 위해 싸우고 있습니다. 하여 이 책은 이분들에게 바치는 작은 보답이자 연대의 표시입니다. 어려운 환경에서도 함께 일하고 있는 평화네트워크의 성정현 연구원과 강혁민 펠로우, 그리고 물심양면으로 많은 도움을 주고 계신 후원회원 여러분에게도 감사의 뜻을 전합니다. 전화 한통 받고 흔쾌히 출판에 동의해주신 '주형酒兄' 우일문 유리창 대표께도, 출판을 응원해주신 많은 벗들께도 감사의 말씀 올립니다.

모쪼록 이 책이 '사드 가고, 평화 오라'는 이 시대의 큰 염원에 작은 기여라도 할 수 있기를 간절히 바랍니다.

2017년 2월 망원동 사무실에서, 정욱식

차례

머리말

사드 가고 평화 오라! • 4

1부 사드가 뭐기에

1. 왜 사드인가? • 12

2. 사드란 무엇인가? • 18

3. 그렇다면 MD란 무엇인가? • 25

4. 요격시험에서는 100% 명중했다는데? • 34

5. 사드 논란은 어떻게 전개되었나? • 46

6. 사드 배치에도 최순실의 입김이? • 57

2부 무용지물과 인화물질

7. 북핵이 먼저인가, 사드가 먼저인가? • 74

8. 사드로 북핵을 막을 수 있나? • 85

9. 그래도 없는 것보다는 낫지 않은가? • 97

10. 사드 배치가 북한을 이롭게 한다고? • 104

11. 사드 배치가 전쟁 위험을 높인다고? • 114

3부 백해무익과 설상가상

12. 사드는 MD 편입과 무관한가? • 119
13. 사드와 한일군사정보보호협정은 어떤 관계가 있는가? • 129
14. 중국은 왜 그토록 사드에 반대하는가? • 143
15. 중국의 사드 보복은 부당한 것 아닌가? • 157
16. 미중 싸움에 한국 등 터진다고? • 167
17. 사드 철회하면 미국이 보복한다고? • 175

4부 불확실성과 전화위복

18. 트럼프는 어떻게 나올까? • 187
19. 시진핑과 푸틴은 어떻게 나올까? • 194
20. 한국 대선 주자들의 사드 입장은? • 201
21. 사드 공사가 시작되면? • 214
22. 조건부로 배치하는 건 어떤가? • 220
23. 사드의 대안은 무엇인가? • 225
24. 협상은 희망인가? • 235

1부
사드가 뭐기에

한 마디로 '대란'이다. 사드 배치를 둘러싸고 남남갈등, 남북갈등, 동북아갈등 등 세 차원의 갈등이 고조되면서 한국은 그야말로 '헬조선'의 문턱에 서게 됐다. 한국의 지정학적 리스크가 또다시 고조되고 중국의 경제보복까지 가세하면서 그 피해도 눈덩이처럼 불어나고 있다. 도대체 사드가 뭐기에 이런 난리가 나고 있는 것일까? 북핵을 막겠다는데 왜 이리 반대하는 사람들이 많은 걸까?

사드라는 '나무'를 제대로 보기 위해서는 MD라는 '숲'을 봐야 한다. 박근혜 정부(혹은 비선 실세)는 미국 펜타곤과 록히드마틴이 준 자료만 보고 국가의 백년대계를 기습적으로 결정했지만, 주권자인 국민은 그 이상을 봐야 한다. 그래야 다른 미래를 기약할 수 있다.

1. 왜 사드인가?

사드는 '방어용'이다. 날아오는 탄도미사일을 중간에 요격하기 위해 고안된 것이다. 요격미사일이 중간에 '공격용'으로 둔갑해 평양이나 베이징, 블라디보스토크를 공격할 수 있는 것도 아니다.

북핵이 한국 어딘가에 떨어지면 어떻게 될까? 이 끔찍한 시나리오를 상세하게 분석한 보고서가 있다. 미국의 천연자원보호협회가 작성한 〈한반도 핵사용 시나리오〉가 바로 그것이다.*1) 보고서는 북한이 전쟁발발 시 TNT 15킬로톤의 핵미사일을 북서풍이 부는 날에 국방부와 합참, 주한미군사령부와 한미연합사가 있는 용산의 삼각지에 투하할 수 있다고 가정했

---

* Natural Resources Defense Council(NRDC), Nuclear Use Scenarios on the Korean Peninsula, October, 2004. http://docs.nrdc.org/nuclear/files/nuc_04101201a_239.pdf

다. 그리고 용산 상공 500미터에서 폭발할 경우 예상 사망자는 62만 명, 100미터 상공에서 터지면 84만 명, 지표면에서 터지면 125만 명까지 사망자가 발생할 것으로 예상했다.

그런데 이러한 피해규모는 핵폭풍과 화구(fireball)에서 발생하는 열복사선, 방사선과 낙진에 의한 방사능오염 등 핵폭발의 '직접적인' 원인으로 인한 사망자 수치이다. 여기에 도시가스 저장소와 주유소 화재, 건축물 파괴로 인한 잔해와 유리 파편으로 인한 '간접적인' 피해까지 고려하면, 그 피해규모는 훨씬 커질 수 있다. 수도권 상당지역이 방사능으로 오염돼 상당기간 살 수 없는 땅이 되고 만다. 바람을 타고 방사능물질이 남한 전역으로 퍼질 수도 있다. 혹시라도 북한이 남한을 끝장내겠다며 핵발전소나 사용후 연료봉 저장시설에 핵공격을 가하면 한국은 '아마겟돈'의 운명을 피할 수 없다.

2016년 현재 북한은 15개 안팎의 핵무기를 갖고 있는 것으로 추정된다. 5차례의 핵실험으로 핵폭탄을 작고 가볍게 만들어 탄도미사일에 장착할 능력도 보유했을 수 있다. 2020년까지 핵무기 수는 50개 안팎으로 늘어날 것이라는 분석도 있다. 더구나 북한정권은 툭하면 서울을 '불바다'로 만들 수 있다고 위협한다.

그렇다면 당연히 사드를 배치해야 하는 것 아닌가? 대기권 안팎에서 북핵을 요격하면 낙진피해도 최소화할 수 있지 않은가? 설령 요격성공률이 떨어지더라도 없는 것보다는 낫지 않겠는가? 더구나 사드는 미국이 이미 사놓은 걸 경북 성주에 갖다놓겠다고 하니까 미국한테 고마워해야 하는 것 아닌가? 1개 포대로는 부족하다면 우리 돈을 들여서라도 추가적으로 도입해야 하는 것 아닌가? 자기들도 대한민국 국민들일진대, 사드를 반대하는 성주 군민과 김천 시민은 너무 이기적인 것 아닌가? 사드 배치를 주저하거나 반대하는 사람들은 안보에 너무 무책임한 것 아닌가? 사드를 재검토하자거나 반대하는 대선후보에게 나라를 맡길 수 있겠는가?

그런데 사드가 북핵을 막는데 '무용지물'이라면 어떤가? 오히려 북핵을 더 키우고 날카롭게 만들 위험이 있더라도 밀어붙여야 하는가? 사드 배치의 최대 수혜자 가운데 한 사람이 김정은이라는 주장은 또 무슨 말인가? 사드 배치가 최대 교역국인 중국을 적대국으로 만들 가능성은 없는가? 이미 추락하고 있는 한국경제의 날개마저 꺾어버릴 위험은 없는가? 미국과 중국이 군사적으로 충돌하면 한국을 그 한복판으로 끌고 들어갈 위험은 또 어떤가? 사드가 '지경학의 기회'를 요격하고

'지정학의 감옥'으로 우리를 인도하는 것은 아닐까? 한국에 대한 중국의 사드 보복으로 중국도 피해를 보고 있는데 보복의 강도를 높이는 이유는 무엇인가? 사드 배치 결정에 박근혜-최순실 세력의 입김이 작용했다면? 사드 배치를 앞당겨 '조기' 대선을 '사드' 대선으로 치르려는 정치적 음모가 숨어 있다면?

사드는 '트로이의 목마'이다. 겉으로 보기에는 선물처럼 보이지만 그 안을 들여다보면 한국의 국익을 총체적으로 위협할 비수들이 득실거린다. 또한 사드는 '우리 모두'의 문제이다. 폭염 속에서 시작된 성주와 김천 시민들의 촛불집회는 한파 속에서도 계속되고 있다. 중국 인민들의 마음을 사로잡았던 한류韓流는 한류寒流가 되고 말았다. 중국 관광객들로 발 딛을 틈도 없었던 명동거리에는 상인들의 멍한 눈빛이 늘어나고 있다. 중국 관광객으로 넘쳐나던 인천항과 부산항의 여객선에는 빈자리가 늘어나고 있고 그 주변상가도 초토화되고 있다. 수출물량이 크게 줄어들면서 동대문 상인들의 한숨 소리는 커지고 있다. 중국 지자체들과 각종 협력 사업을 하던 한국 지자체들 곳곳에서도 탄식 소리가 들린다. 하다못해 중국 고객이 절반으로 줄면서 압구정동 성형외과 거리에도 한파가 몰아치고 있다. 중국을 상대하는 보따리 상인들부터 재벌에 이르기까지 전전긍긍하고 있다. 중국에 진출한 우리 기업들도, 중국 유학생 유치로 그나마 명맥을 유지해왔던 지방대학들에도 사드 불똥이 튀고 있다.

이처럼 사드가 아직 배치도 되지 않았는데, 많은 국민들이 고통스러워한다. 그래서 묻지 않을 수 없다. 사드 기지공사가 시작되고 기어코 사드가 성주 땅에 들어오면 어떻게 될까? 아마도 '헬조선'이라는 말을 체감하는 국민들이 크게 늘어날 것이다. 그래서 사드는 우리 모두의 문제이다. 나와 아이들, 그리고 국가의 미래에 가장 큰 영향을 미치는 게 바로 사드이기 때문이다. 국가가 해결해줄 수 없다면, 이제 국민이 나서야 한다. 국민이 나서면 '50대50의 게임'인 사드는 충분히 막을 수 있다.

박근혜 정부는 한국을 망하게 할 수 있는 '존재론적인 위협'으로 북핵을 들고는 그걸 막겠다며 사드를 들여놓겠다고 했다. '박근혜 없는 박근혜 정부', 즉 황교안 권한대행체제는 그 속도를 높이고 있다. 하지만 나는 망국의 위협은 북핵보다는 사드로부터 초래된다고 생각한다. 북핵은 억제할 수 있지만, 사드 배치로 인해 초래되는 피해는 억제가 불가능하기 때문이다.

사드 배치 철회가 모든 문제를 해결해줄 수는 없다. 하지만 사드가 들어오면 제대로 이룰 수 있는 것도 없어진다. 반면 사드를 막아내면 북핵 해결과 경제 재도약을 포함한 전화위복의 계기를 만들 수 있다. "한미 정부가 결정한 것이니 어쩔 수 없는 것 아니냐."는 자포자기를 경계하자. "사드를 반대하면 한미동맹이 무너지는 것이 아니냐?"는 '우리 안의 공미증恐美症'도 극복하자. 한미관계가 사드 재논의조차 불가할 정도로 일방적이지 않다. 이 결정을 철회한다고 해서 한미동맹이 무너질 만큼 나약하지도 않다. 우리에게 필요한 건 "우리 운명을 스스로 개척하겠다."는 주인의식이다. 대한민국 주인인 국민들이 사드를 공부하고 토론하고 대안을 모색해야 할 까닭이다.

2. 사드란 무엇인가?

사드는 'MD 패밀리'의 여러 형제 가운데 하나이다. 미사일
방어체제(MD)에 대해서는 다음 글에서 자세히 살펴보고 사드
먼저 다뤄보기로 하자.

사드는 종말단계고고도지역방어체제(Terminal High Altitude
Area Defense, THAAD)를 영어 이니셜로 부르는 말이다. 정부
와 언론에서는 '고고도미사일방어체제'라고 부르지만 '종말단
계고고도지역방어체제'가 정확한 이름이다. 풀네임을 머릿속
에 담아두면 사드를 이해하기 쉬워진다. '종말(Terminal)'은 요
격 대상이 되는 탄도미사일이 최종적으로 하강하는 구간을
일컫는다. 〈그림 1〉에 나와 있는 것처럼, 사드를 만든 미국은 적
의 미사일 비행경로를 4단계로 나누고 있다. 이륙(boost)-상승
(ascent)-중간(midcourse)-종말(terminal)단계가 바로 그것이다.
사드는 이 네 단계 가운데 종말단계에서 요격을 시도하는 시

스템이다.

　사드는 종말단계에서도 '고고도(High Altitude)'를 담당한다. 종말
단계 MD는 크게 두 가지가 있다. 고고도를 담당하는 사드와
저고도를 맡는 패트리엇미사일-3(Patriot Advanced Capability-3,
PAC-3)이 바로 그것들이다. 그리고 이들은 중단거리미사일로
부터 해외주둔 미군과 동맹국을 방어하기 위한 '지역방어(Area
Defense)' 체제의 일부이다. THAAD의 초기 명칭이 'Terminal'
대신에 전쟁터를 의미하는 'Theater'를 사용한 것에서도 이러
한 성격을 잘 이해할 수 있다.

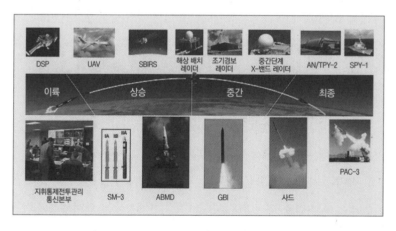

〈그림 1 : 적의 미사일 비행경로에 따른 MD 분류〉

다음으로 사드의 구성요소 및 작동원리를 살펴보자. 사드는 차량으로 만들어진 발사대(launcher), 요격미사일(interceptor), X-밴드레이더(X-band radar)의 일종인 AN/TPY-2(Army Navy/Transportable Radar Surveillance-Type 2), 발사통제 및 통신장비(Fire Control and Communication), 그리고 특수 지원 장비(Peculiar Support Equipment) 등 다섯 가지로 구성된다.

발사대 1개당 8기의 요격미사일을 장착할 수 있고, 1개 포대는 6개의 발사대와 48기 요격미사일로 구성된다. 요격미사일은 추진체와 요격체(kill vehicle)로 구성되어 있고, 요격체 내에는 목표물에 직격탄을 근접시키는 적외선 추적 장치가 내장되어 있다. 요격원리는 '운동에너지에 의한 직접 충돌방식', 즉 요격체가 목표물에 직접 타격을 가하는 방식이다. 사드를 비롯한 MD가 '총알로 총알 맞추기'에 비유되는 까닭이다. 레이더는 주로 AN/TPY-2를 사용하는데, 때에 따라서는 시추선 모양의 해상 기반 X-밴드레이더(sea-based X-band radar, SBX) 및 이지스 함에 탑재된 SPY-1D레이더를 사용하기도 한다. 발사통제장치는 레이더로부터 제공받은 정보를 판단해 발사명령을 내리는 시스템을 의미한다. 사드의 발사통제장치는 험비차량에 탑재되어 있다. 사드의 최대 사거리는 200km이고 요격고도는 대기권 안팎에 해당하는 40~150km이다. 최대 속도는 초속 2.8km이다. 아울러 1개 포대는 약 100명의 작전병과 록히드마틴과 레이시온 등 시스템 제조업체 기술자 등으로 구성된다. 1개 포대의 가격은 13억 달러, 우리나라 돈으로 1조6000억 원 정도 된다.

사드를 만든 록히드마틴의 설명에 따르면, 요격작전 절차는 아래 〈그림 2〉와 같다.

① 레이더가 날아오는 미사일을 탐지한다.

② 이 정보를 전달받은 발사통제 및 통신장비는 목표물을 확인해 조준하고 발사대 작전병에게 요격명령을 내린다.

〈그림 2 : 사드의 요격 과정〉

③ 발사대에서 요격미사일이 발사된다.

④ 요격미사일은 운동에너지를 이용해 다가오는 미사일을
파괴한다.

미국은 2008년부터 사드 생산에 착수해 2013년 4월에 괌에
최초로 실전 배치했다. 미국이 괌의 앤더슨 공군기지에서 전략폭
격기를 출격시켜 북한을 상대로 무력시위를 벌이자 북한이 "괌
을 불바다로 만들겠다."고 위협하면서 벌어진 일이다. 2017년
1월 현재 미국은 괌에 배치된 것을 포함해 모두 5개의 포대
를 보유하고 있고, 2017년 연말까지 7개 포대로 늘린다는 계
획이다. 현재까지 미국이 미국 영토 이외에 사드를 배치한 곳
은 없으며, 이에 따라 한국 배치 시 '세계 최초'가 된다. 미국은
또한 현존 사드보다 사거리와 속도를 크게 높인 '확장형 사드
(THAAD-ER)'를 개발하고 있다.

그런데 사드, 특히 X-밴드레이더는 단순히 '지역방어'에 국
한되는 시스템이 아니다. 미국 주도의 아시아-태평양 미사일방
어체제(MD)뿐만 아니라 미국 본토방어와도 연결되기 때문이
다. 미국은 현재 괌을 비롯해, 일본, 이스라엘, 터키, 그리고 미
국 중부사령부에 X-밴드레이더를 운용 중이다. 일본에는 북부

아오모리 현과 중부 교토에 각각 배치되어 있는데, 이를 두고 미국의 미사일방어국(MDA)은 "지역방어뿐만 아니라 지휘통제 전투관리통신(C2BMC) 본부를 경유해 지상배치중간단계방어 체제(GMD) 발사통제 장치에도 적의 미사일 추적 및 식별정보 를 제공해 미국 본토방어에도 기여하게 될 것"이라고 밝혔다.* GMD는 미국 본토방어용으로 'MD 패밀리' 가운데 맏형 격에 해당한다. 성주에 X-밴드레이더가 배치되면 지역 MD뿐만 아 니라 미국 본토방어용 MD와도 연결될 것이라는 점을 미국의 주무부처가 분명히 밝혀놓고 있는 셈이다.

이처럼 글로벌 MD 차원에서 사드에 유용성이 있다고 판단 한 미국은 2013년부터 한국 내 사드 배치를 검토하기 시작했 다. 이와 관련해 커티스 스캐퍼로티 당시 주한미군사령관의 2013년 7월 미국 의회 청문회 증언을 주목할 필요가 있다. 그 는 이 자리에서 '3단계 한미 연합 MD계획'을 밝혔다. 1단계는 주한미군은 패트리엇 신형 PAC-3를, 한국군은 PAC-2를 배치 한 것으로 "이미 완료되었다."는 것이다. 2단계는 PAC-3 도입 등 한국의 능력을 강화하고 양국 간의 MD통합을 가속화하는

---

* http://www.mda.mil/global/documents/pdf/budgetfy16.pdf

것으로 "현재진행형"이라고 밝혔다. 3단계는 "사드나 이지스탄 도미사일방어체제(ABMD)와 같은 상층체제, 그리고 AN/TPY-2 레이더와 같은 강력한 센서를 구비해 준중거리 및 중거리미사일에 대응한다."는 것이다.* 15개월 후에 스캐퍼로티는 "미국 정부에 사드 전개를 요청한 바 있다."고 밝혔고, 그 때부터 한국은 사드 격랑에 휩싸이게 된다.

---

* United States Senate Committee on Armed Services, Advance Questions for Lieutenant General Curtis M. Scaparrotti, July 30, 2013, 〈http://www.armed-services.senate.gov/imo/media/doc/Scaparrotti_07-30-13.pdf〉.

3. 그렇다면 MD란 무엇인가?

사드는 MD의 일종이다. 그래서 사드를 이해하기 위해서는 MD를 들여다봐야 한다. 미사일방어(missile defense, MD) 체제는 말 그대로 비행 중인 적의 탄도미사일을 미사일이나 레이저로 요격하는 개념이다. 그 시원은 역시 미국과 소련의 군비경쟁에 있었다. 60년간의 역사를 개략적으로 훑어보면서 MD의 실체를 추적해보자.

1950년대 후반 들어 미국과 소련이 상대방의 본토를 공격할 수 있는 대륙간탄도미사일(ICBM)을 보유하자, 두 나라는 경쟁적으로 MD라는 방패를 손에 넣으려 했다. 자신의 ICBM은 자신감의 근원이었지만, 상대방의 ICBM은 공포 그 자체였다. 먼저 ICBM 개발에 성공한 소련은 크렘린에서 버튼을 누르면 중간에 요격당할 걱정 없이 미국을 초토화시킬 수 있다는 자신감을 가졌지만, 백악관의 시각에서는 두려움의 대상 그 자체였다. 그래서 백악관도 ICBM 개발에 박차를 가했고, 곧 성공했다. 백악관도 버튼만 누르면 소련을 초토화시킬 수 있는 힘을 갖게 된 것이다. 그리고 경제력과 기술력이 뛰어난 미국이 핵군비경쟁에서 앞서 나갔다.

'창의 경쟁'은 곧 '방패의 경쟁'을 수반했다. 어쩌면 이는 지극히 당연한 수순이었다. 상대방의 핵미사일이 내 땅에 떨어지면 수백만 명이 몰살당할 수 있다. 그래서 그걸 중간에 요격하는 방패를 갖겠다는 건 '자기 보호 본능'의 발동이었다. 소련은 1961년 3월 최초로 MD 실험을 실시했고, 미국도 방공미사일인 나이키의 성능을 개량해 나이키 허큘러스Nike Hercules와 나이키 제우스Nike Zeus, 나이키-X 등 '나이키 시리즈'를 추진했다. 하지만 존 F. 케네디 행정부는 곧 MD의 한계를 간파했다. "MD 구축은 안보에 보탬이 되기는커녕 오히려 미국이 군사력을 아무리 강화시켜도 국가안보는 계속 악화된다는 딜레마에 직면하게 만든다."는 점을 꿰뚫어 본 것이다. 이는 사드 논란에 휩싸인 한국에게도 시사하는 바가 대단히 크다.

그러나 케네디가 흉탄에 쓰러지고 린든 존슨 행정부가 등장하면서 MD는 되살아나려고 했다. 여기에는 1964년 중국의 핵실험도 큰 영향을 미쳤다. 존슨 행정부는 중국을 '깡패국가'라고 부르면서 센티널(Sentinel)로 불리는 MD계획을 다시 추진했다. 이에 맞서 소련도 1966년부터 모스크바를 방어하기 위한 A-35 요격미사일을 배치했다. 이즈음 중국이 장거리 로켓 발사와 수소폭탄 실험에 성공하면서 '중국위협론'은 미국 내에서 더욱 기승을 부렸다. 그러자 닉슨 행정부는 세이프가드(Safeguard)라는 새로운 MD를 들고 나왔다.

이처럼 창과 방패를 둘러싼 미소 간의 군비경쟁은 1972년 들어 새로운 국면을 맞이했다. 양국이 탄도미사일방어조약(Anti-Ballistic Missile Treaty)을 체결해 MD에 제한을 두기로 한 것이다.* 얼핏 보기엔 희한한 조약이었다. 상대방의 핵미사일이 내 땅에 떨어지면 수백만 명이 몰살당할 수도 있는데, MD를 사실상 포기한 것이었기 때문이다. 왜 그랬을까? 이 질문에 대한 답은 사드 논쟁과 관련해서도 대단히 중요한 의미를 지닌다.

---

* ABM조약에서는 ABM시스템을 비행 중인 전략탄도미사일 또는 그 구성요소에 대항하는 시스템으로 규정하고 있고, ABM요격미사일, ABM발사대, ABM레이더 등을 그 구성요소로 정의하고 있다. ABM조약은 방어 구역을 하나의 지역으로 한정하고 100기 이상의 요격미사일 배치를 금지하는 등 MD에 상당한 제한을 두었다. 그러나 부시 행정부는 MD 구축의 법적 제약에서 벗어나기 위해 2001년 12월 13일 ABM조약 탈퇴를 선언했고, 2002년 6월 13일부로 ABM조약은 역사 속으로 사라졌다.

ABM조약 체결의 핵심적인 이유는 어느 일방이 상대방의 핵미사일을 무력화시킬 수 있는 방패를 보유할 경우 양국 간의 전략적 균형이 와해돼 공멸을 야기할 수 있다는 두려움에 있었다. 당시 미국 협상 책임자였던 헨리 키신저Henry Kissinger 백악관 국가안보보좌관의 말이다. "ABM조약은 잠재적으로 위험한 방어경쟁을 제거할 수 있을 뿐만 아니라, 공격용 무기를 배치하려는 동기도 위축시킬 수 있다."[*] 그는 또한 "어떤 한 나라의 절대 안보는 다른 모든 나라에겐 절대 불안을 의미한다."며, 절대 안보를 추구하는 것이 가장 어리석은 안보전략이라고 일갈하기도 했다.

미국의 저명한 역사학자인 존 루이스 가디스의 ABM조약에 대한 평가도 들어보자. "이 조약은 처칠과 아이젠하워의 아이디어, 즉 즉각적인 절멸에 대한 전망을 동반하는 취약성이 미소관계의 안정적이고 장기적인 기초가 될 것이라는 인식을 양측이 최초로 공식적으로 인정했다는 것을 의미한다." 한마디로 취약성이 안보에 기여한다는 것이다.[**] 취약성이 안보에 기

---

[*] William Burr, The Secret History of The ABM Treaty, 1969-1972, November 8, 2001,〈http://www2.gwu.edu/~nsarchiv/NSAEBB/NSAEBB60/index.html〉.

[**] John Lewis Gaddis, The Cold War, (The Penguin Press, 2005), pp. 81-82, p. 227.

여한다고? 선뜻 이해하기 힘들지만, 이 조약은 2002년 조지 W. 부시(아들 부시) 행정부가 탈퇴하기 전까지 30년 동안 '국제 평화와 전략적 안정의 초석'이라는 칭송을 받아왔다. '전략적 안정'이라는 알쏭달쏭한 표현을 달리 말하면 '상호확증파괴 (Mutually Assured Destruction, MAD)'이다. '너 죽고 나 죽고 모두 죽는 공포의 균형'을 유지해야 평화가 유지된다는 뜻이다. 미 친(MAD) 소리처럼 들리지만, 이게 역사였고 현실이다.

이 사이에 우여곡절이 없었던 것은 아니다. ABM조약에 제 동이 걸린 미국의 MD는 레이건 행정부가 등장하면서 새롭 게 부활했다. 1983년 레이던 대통령이 소련을 '악의 제국'이 라고 부르면서 소련의 핵미사일을 요격하기 위해 우주 공간 에 MD기지를 설치한다는 '전략방위구상(Strategic Defense Initiative, SDI)'을 발표한 것이다. 그러나 레이건의 야심만만한 계 획은 1989년 미소 냉전 종식과 함께 역사의 무대에서 퇴장하 는 듯 했다. 뒤이어 집권한 조지 H.W 부시(아버지 부시) 행정부 는 1991년 SDI를 대폭 축소해 '제한 공격대비 지구보호(Global Protection Against Limited Strikes, GPALS)'로 변경했다.

그리고 최근 의미의 MD는 1993년에 출범한 빌 클린턴 행정부 때부터 본격화됐다. 클린턴 행정부 때는 MD를 NMD와 TMD로 나누었다. NMD는 'National Missile Defense(국가 미사일방어체제)'의 약자로써, 미국 본토로 날아오는 탄도미사일이 목표물에 도달하기 전에 이를 탐지, 요격, 파괴하기 위한 시스템을 의미한다. TMD는 'Theater Missile Defense(전역미사일방어체제)'의 약자로써, 해외 주둔 미군과 미국의 동맹국들을 미사일공격으로부터 방어하기 위한 시스템을 말한다.* 그러나 조지 W. 부시 행정부는 NMD와 TMD를 통합해 바다-육지-항공-우주를 연결하는 다층적이고 전지구적 미사일방어망을 추진했다. 이에 따라 NMD와 TMD는 MD라는 개념으로 통합되었다. 그러나 오바마 행정부는 또 다시 MD를 '본토방어용'과 '지역방어용'으로 구분해서 사용했다. 그런데 기술적 진화에 힘입어 최근에는 '글로벌 MD'라는 표현이 주로 사용되고 있다.

다음으로 기술적 측면과 작동원리를 살펴보자. 사람이 무언가를 가격하려면 눈, 신경, 뇌, 주먹이 유기적으로 움직여야

---

* 주로 NMD는 대륙간탄도미사일을, TMD는 중단거리 탄도미사일 요격용으로 개발되었다. 오바마 행정부의 GMD는 클린턴 때의 NMD와 오바마의 '지역 MD'는 클린턴 때의 TMD와 거의 같은 개념이다.

한다. MD 역시 마찬가지이다. 먼저 적의 미사일발사를 탐지·추적·식별하는 센서, 즉 '눈'이 있어야 한다. 이들 시스템으로는 첩보위성에 해당하는 '방위 지원 프로그램(Defense Support Program, DSP)'과 이보다 탐지 및 통신능력이 뛰어난 '우주배치 적외선시스템(Space-Based Infrared Systems, SBIRS)', 무인항공기(Unmanned Aerial Vehicle, UAV), 해상배치 X-밴드레이더, 지상배치 X-밴드레이더인 AN/TPY-2, 이지스 함에 탑재되는 SPY-ID, 한국에도 배치되어 있는 그린파인 등이 있다. MD의 '뇌' 기능을 수행하는 시스템은 발사통제장치이다. 대개 신속한 명령 하달을 위해 '신경'에 해당하는 통신장치나 본부도 같이 있다. 지휘통제전투관리통신(Commad, Control, Battle Management & Communications, C2BMC)이 대표적이다. 이 시스템은 미국 본토의 전략사령부를 비롯한 주요 사령부에 배치되어 있다.

'주먹'에 해당하는 요격미사일로는 우리와 밀접히 연관되어 있는 4형제만 소개한다. 서열 기준은 이들 시스템이 상대하는 미사일요격 능력에 따라 나눴다.* 먼저 '맏형'으로 지상기반요

---

* 참고로 탄도미사일은 사정거리에 따라 크게 네 가지로 분류된다. 단거리 탄도미사일(SRBMs)는 150-799km, 준중거리 탄도미사일(MRBMs)는 800-2,399km, 중장거리 탄도미사일(IRMBs)는 2,400-5,499km, 대륙간탄도미사일(ICBMs)는 5,500km 이상을 일컫는다.

격미사일(Ground-based interceptor, GBI)이 있다. 주로 미국 본토로 향하는 ICBM을 중간(midcourse) 단계에서 요격하기 위해 개발된 것으로써, 현재 알래스카와 미국 서부에 배치되어 있다. '둘째'는 스탠더드미사일-3(Standard Missile-3, SM-3)이다. 이지스 함에 장착된 SPY-1D와 함께 이지스탄도미사일방어체제(ABMD)를 이룬다. 미국과 일본 등이 실전배치했고, 한국도 구매를 고려중이다. 또한 미국은 지상배치형 SM-3도 추진 중이다. 주된 상대는 중거리와 중장거리탄도미사일이다. '셋째'는 앞서 소개한 사드이다. 주된 상대는 단거리와 중거리미사일이다. '막내'는 두 차례의 이라크 전쟁에서 명성을 떨친 패트리엇이다. 명중률이 높아 '신의 방패'로 알려졌다가 알고 보니 명중률은 거의 제로에 가깝고 엉뚱하게 아군 전투기들을 요격해 명성이 떨어진 녀석이다. 어쨌든 단거리탄도미사일을 상대한다.

이러한 기술적 이해보다 더 중요한 것은 MD의 전략적 의미를 이해하는 것이라고 할 수 있다. MD는 핵무기에 버금가는 전략적 파장을 일으켜왔다. MD를 주도하고 있는 미국은 세계에서 가장 막강한 공격력을 보유하고 있다. 가장 강력한 창을 갖고 있는 나라가 상대방의 창을 무력화시킬 수 있는 방패까지 보유한다면, 창을 쓰는 것이 훨씬 자유롭게 된다. 미국 스스로도 MD의 필요성을 말할 때, 군사적으로 자유로울 수 있다는 점을 강조한다. 또한 미국의 기본적인 전략은 가급적 먼저 상대방의 미사일 시설을 선제공격하여 파괴하고 남은 미사일을 MD로 요격하겠다는 것이라는 점 역시 중요하게 고려해야 한다. MD의 명시적 대상국들인 북한과 이란은 물론이고, 잠재적 대상국들인 중국과 러시아가 미국 주도의 MD에 강력히 반발하고 있는 이유도 바로 여기에 있다. MD의 목표가 되는 국가들에게는 '방어용' 무기가 어떠한 '공격용' 무기보다 위협적인 무기로 간주되기 때문이다.*

---

* MD 문제에 대한 상세하고도 전문적인 내용은 졸저 《MD본색: 은밀하게 위험하게》(서해문집, 2015년) 참조.

4. 요격시험에서는 100% 명중했다는데?

'실전처럼!' 운동 경기가 되었든 입시가 되었든, 훈련도 모의고사도 실전처럼 해야 실력이 는다는 얘기를 많이 하고 또 든는다. 그런데 사드 요격시험은 황당하다. 축구에 비유하면 공차는 사람이 골키퍼에게 "준비됐어? 저쪽으로 찬다."고 말해주면서 승부차기 연습을 하는 꼴이기 때문이다.

사드가 실전에서 사용된 적은 아직 없다. 이에 따라 사드의 성능은 비행 시험(Flight test) 분석을 통해 1차적으로 추측해 볼수 있다. MD 주무부처인 국방부 산하 미사일방어국(MDA)의 자료에 따르면, 미군은 2005년 11월부터 2015년 1월까지 취소되거나 무산된 것을 포함해 모두 17차례 사드 비행시험을 실시했다.*

---

* 참조 〈https://mostlymissiledefense.com/2016/07/10/thaad-flight-tests-since-2005-july-10-2016/〉.

이와 관련해 주 계약업체인 록히드마틴은 시험성공률이 100%
에 육박한다고 자랑한다. 마이클 길모어J. Michael Gilmore 국방
부 작전실험평가국장도 2007년부터 2013년까지 실시된 9차례
의 비행 시험에서 8개의 단거리 및 2개의 중거리 미사일을 요격
했다고 밝혔다.* 박근혜 정부도 "사드는 지금까지 총 11차례의
요격시험을 모두 성공하여 3,000km급 이하의 탄도미사일에 대
한 요격능력을 보유한 것으로 입증되었다."고 주장한다. 이를 근
거로 상당수 국내 언론은 '사드가 100%의 요격성공률을 보였
다'고 보도하기도 했다. 〈조선일보〉는 한술 더 떠 "지금 이 지
구상에 사드만 한 미사일방어체제가 없다."고도 주장한다.**

한국 국방부가 미국 펜타곤의 한국 지부는 아닐 것이다. 한
국 언론이 록히드마틴의 홍보대행사도 아닐 것이다. 그런데 정
부와 상당수 언론은 미국 국방부나 군수산업체의 주장을 앵
무새처럼 반복하기에 급급하다. 때로는 사드의 성능을 미국보
다 더 과장한다. 그러나 사드의 한계를 파악하는 건 그리 어려

---

* United States Senate Committee on Armed Services, Statement by J. Michael
Gilmore, March 25, 2015,〈http://www.armed-services.senate.gov/imo/media/doc/
Gilmore_03-25-15.pdf〉.
** 〈조선일보〉 2017년 1월 5일.

운 일이 아니다. 이건 사드 시험평가도 마찬가지이다. 미국 정부의 자료만 들여다보더라도 미국의 군산복합체가 선전하는 내용에 의문을 품을 수 있기 때문이다.

그래서 모순矛盾이라는 중국 고사가 절로 떠오른다. 말 그대로 '창과 방패'를 의미한다. 유래는 이렇다. 초나라의 한 장사꾼이 저잣거리에 창과 방패를 갖다 놓고는 "여기 이 방패는 어찌나 견고한지 제아무리 날카로운 창이라도 막아낼 수 있습죠."라고 말하고, "여기 이 창은 어찌나 날카로운지 꿰뚫지 못하는 방패가 없습죠."라고 했다. 그러자 한 구경꾼이 "그럼, 그 창으로 그 방패를 찌르면 어떻게 되는 거요?"라고 묻자, 장사꾼은 아무 대답도 못하고 서둘러 그 자리를 떠났다. 이 '장사꾼'은 세계 최대의 무기판매국 미국의 모습과 흡사하다. 한편으로는 각종 공격용 무기들을 팔면서 다른 한편으로는 미사일을 막으라고 MD를 팔려고 한다. 그런데 안타깝게도 박근혜 정부는 '구경꾼'보다도 모자라다. 사드의 성능을 묻기는커녕 '장사꾼'보다 사드의 성능을 과장하기에 바쁘다. 그렇다면 사드 시험의 실체는 무엇일까?

먼저 시험 초기에는 요격 시도 자체가 없었거나, 실제 미사일이 아니라 가상의 미사일을 요격하는 '도상' 시험 방식으로 이뤄졌다. 그리고 중기 단계에는 중거리미사일이 아니라 단거리미사일, 그것도 탄두와 추진체가 분리되지 않은 상태의 미사일을 요격대상으로 삼았다. 요격대상 미사일이 발사되지 않거나 요격성공 가능성이 낮다고 판단해 시험 자체가 무산된 경우도 여러 차례 있었다. 심지어 날씨가 좋지 않아 비행시험 자체가 취소된 경우도 있었다. 이런 경우들이 모두 6차례나 있었다. 사드 요격시험이 미국 국방부는 17차례라고 했고 박근혜 정부는 11차례라고 했는데 그 차이는 바로 여기에서 비롯된 것이다.

추진체로부터 탄두가 분리된 목표물을 요격하는 시험은 2008년 6월에 처음으로 실시됐다. 그런데 이 미사일은 지상에서 발사되어 낙하하는 탄도미사일이 아니라 C-17수송기에서 떨어뜨린 단거리미사일이었다. 2009년 3월에는 이지스 탄도미사일방어체제(ABMD)와 연합 작전으로 시험을 진행했다. 사드의 표적정보는 이지스 함의 SPY-1D레이더로부터 제공된 것이었다.

사드가 주된 요격대상으로 삼고 있는 준중거리미사일을 상대로 시험발사가 추진된 때는 2012년 들어서다. 그런데 2012년 상반기에 예정되었던 요격시험은 시험의 효과, 즉 요격성공을 확신할 수 없게 되자 취소되었다. 취소된 시험은 2012년 10월에 실시됐는데, 록히드마틴과 MDA는 사드가 최초로 준중거리 미사일 요격에 성공했다고 발표했다. 그러나 요격된 미사일은 지상 발사 중거리탄도미사일이 아니라 C-17수송기에서 낙하된 미사일이었다. 2013년 9월 시험 또한 사드와 ABMD의 통합작전으로 실시하였다. 미국 미사일방어국은 사드와 ABMD가 각각 중거리미사일을 요격했다고 발표했지만, 요격된 미사일이 정확히 무엇인지는 밝히지 않았다. 이 시험에서 주목할 점은 ABMD가 자체적으로 탑재한 레이더가 아니라 X-밴드레이더인 AN/TPY-2레이더가 제공한 정보를 이용했다는 점이다. 이후 요격시험도 이와 유사한 방식으로 진행되어왔다.

이러한 시험내용을 종합해보면, 사드의 성능에 대해 몇 가지 잠정적인 해석을 내놓을 수 있다. 먼저 실전에서 사드가 주된 요격대상으로 삼고 있는 지상 발사 중거리탄도미사일이 비행시험에서 요격대상이 된 적이 아직까지 없다는 것이다. 이와 관련해 제임스 시링 미국 미사일방어청장은 "내년(2017년)

에 중거리탄도미사일 요격시험을 할 것"이라고 밝혔다.* 하지만 미국이 북한의 무수단미사일과 같은 지상 발사 중거리탄도미사일을 대상으로 요격시험에 나설 경우 국제법을 위반하게 된다. 미국이 지상발사 탄도미사일을 사드의 요격시험에 투입하지 못하는 이유가 있다. 1987년 미국과 소련이 체결한 '중단거리핵미사일 폐기 조약(Intermediate-Range Nuclear Forces Treaty, INF treaty)'에서는 사거리 500-5500km의 지상 발사 탄도 및 순항미사일의 보유·시험·배치를 금지하고 있기 때문이다.**

또한 대부분의 요격성공은 탄두와 추진체가 분리되지 않은 미사일, 그것도 수송기에서 낙하시켜 중간에 발화되어 날아오는 미사일을 상대로 이루어졌다. 미분리 미사일은 몸체가 크고 속도가 느리기 때문에 떨어지는 탄두만을 요격할 때에 비해 성공확률은 크게 높아진다. 또한 이러한 시험은 성공을 위해 완벽한 조건을 갖춘 상태에서 이루어졌다. 날씨를 고려하고 사드와 레이더 등 요격 체제의 준비상태를 최고조로 끌어올리

---

* 〈연합뉴스〉, 2016년 8월 11일.

** 이와 관련해 러시아는 미국이 이지스 함을 이용한 해상 미사일방어체제(ABMD) 실험에 동원된 요격 대상 미사일이 INF 조약이 금지한 미사일이 아니냐는 의혹을 제기하고 있다.

며 요격대상 미사일도 사전에 알고리즘이 정해진 상태에서 발사된 경우가 대부분이었다.

이와 관련하여 길모어 국장이 밝힌 사드의 한계를 주목할 필요가 있다. 그는 "지금까지 비행시험과 신뢰성 시험 데이터를 분석해보면 사드 시스템의 구성요소들은 지속적이고 꾸준한 신뢰성 향상을 보여주지 못하고 있다."고 밝혔다. 그 이유로 크게 두 가지를 들었다. 하나는 "자연 상태의 시험에서는 결함을 보였다."는 것이다. "극한 온도와 온도 충격, 습기, 비, 얼음, 눈, 모래, 먼지 등을 견뎌낼 능력이 부족하다."는 것이다. 그러면서 "이는 사드가 언제, 어디에 배치되든 적절하게 운용될 수 있음을 분명하게 하기 위해 꼭 해결돼야 한다."고 주문했다. 그는 아울러 "개인적으로 가장 큰 우려는 사드 요원들에 대한 훈련 부족이라고 생각한다."며 "사드 요원들은 충분한 훈련 지원을 받지 못한 상태에서 사드 부대에 배치되고 있다."고 밝혔다.*

이는 거꾸로 미국 국방부가 사드 배치 지역으로 한국을 선

---

* United States Senate Committee on Armed Services, Statement by J. Michael Gilmore, Mar 25, 2015,〈http://www.armed-services.senate.gov/imo/media/doc/Gilmore_03-25-15.pdf〉.

호하는 이유를 추론케 한다. 길모어가 밝힌 사드 요원의 훈련 부족의 핵심은 ABMD 및 패트리엇 부대와의 연계 훈련을 의미한다. 그런데 한국에는 이미 주한미군과 한국군이 패트리엇을 배치해 놓았고, 한국형 이지스 함 및 일본 해상자위대의 이지스 함, 그리고 미국 태평양 사령부의 이지스 함의 연계성도 강화하고 있다. 일본에는 두 개의 전진 배치(Forward-based) X-밴드레이더도 배치해놓고 있다. 펜타곤의 시각에선 사드-패트리엇-ABMD를 연계하는 통합훈련 지역으로 한국을 매력적이라고 판단할 수 있다는 해석을 가능케 하는 부분이다.

더구나 한국은 MD의 명시적 대상인 북한과 잠재적 대상인 중국과 가장 가까이에 있다. 특히 북한이 수시로 탄도미사일을 시험 발사하고 있는 만큼, 미국으로서는 사드를 한국에 배치하면 실전에 가까운 미사일 탐지·추적을 해볼 수 있다. 아울러 한국군이 보유한 지상 발사 탄도미사일을 요격 훈련에 동원하면, 미국이 C-17수송기에서 떨어뜨려 하는 것보다 실전에 가까운 시험을 할 수 있다고 여길 가능성도 있다. 추측컨대 미국이 사드 한국 배치를 선호하는 데에는 이러한 까닭이 있다고 볼 수 있다.

어쨌든 미국은 물론이고 박근혜 정부도 사드를 비롯한 MD가 '입증된(proven) 시스템'이라고 강조한다. 이를 검증해야 할 언론과 전문가들 상당수도 이에 동조한다. 여러 차례 시험 평가 결과 요격능력을 입증했다는 것이다. 사드가 실전에서도 신뢰할만한 요격체제라는 점을 입증하기 위해서는 최대한 실전과 가까운 조건과 환경에서 시험평가가 이뤄져야 한다. 그런데 앞서 설명한 것처럼, 사드를 포함한 미국의 MD 시험은 이와 거리가 멀다. 특히 '좋은 날씨'에만 전쟁이 벌어지지 않을진대, 사드 시험은 자연 상태에서 한계를 드러냈다. 더구나 시험에서 입증된 시스템이라고 하더라도 실전에서는 얼마든지 오류가 발생할 수 있다.

사드를 비롯한 MD는 근본적으로 '시간과의 싸움'이다. 이에 따라 '물리적인 문제뿐만 아니라 컴퓨터 공학상의 정보 차원의 문제'도 제기된다. 레이더를 비롯한 센서에서 전달받은 데이터를 처리해 목표물의 위치와 속도를 정확히 계산하고 요격미사일을 유도할 수 있는 정보 시스템이 완벽해야 비로소 요격 가능성을 높일 수 있다. 하지만 이 과정에서 정보 처리 오류는 얼마든지 나타날 수 있다는 지적이 나온다.* 특히 미사일 탄두와 교란체가 같이 날아오면 식별 부담까지 가중돼 오류 가능성은 더욱 높아진다. 오류는 MD의 하드웨어와 소프트웨어, 그리고 작전병의 판단 모두에서 나타날 수 있다. 이러한 문제점은 실전에서 훨씬 가중된다. 시험과 실전은 근본적으로 다르기 때문이다.

첫째, 미국이 사드 시험에 사용하는 탄도미사일은 통제된 것이다. 이에 따라 사드의 하드웨어와 소프트웨어는 목표물의 비행경로와 방향을 계산해놓고 작동한다. 만약 시험용 탄도미사일이 예상과 다른 움직임을 보이면 시험 자체가 취소되는 경우도 있었다. 가령 1991년 걸프전 이전에 미국은 패트리엇(PAC-2)으로 6차례 요격실험에 성공했다. 하지만 실전에서는 29발의 스커드미사일 가운데 단 1발만 요격했다. '통제된' 시험에서 위력을 발휘한 요격체제가 '변화무쌍한' 실전에서는 오류가 나타난 것이다. 이는 사드도 크게 다르지 않다.

둘째, 시험과 실전은 시간 개념 자체가 다르다. 시험에서는

* Rebecca Slayton, The Fallacy of Proven and Adaptable Defenses, Aug 19, 2013, ⟨https://fas.org/pir-pubs/fallacy-proven-adaptable-defenses/⟩.

시간을 통제할 수 있다. "언제 탄도미사일이 발사되니 요격 준비를 갖추라."는 분초 단위로 짜인 각본에 따라 움직인다. 반면 실전에선 언제 미사일이 날아올지 알 수 없다. 10분이나 1시간 내일 수도 있고 며칠이 걸릴 수도 있다. 공격자 마음이기 때문에 방어자로서는 알 수 없다. 당연히 사드 작전병의 스트레스와 피로감은 높아질 수 있고 하드웨어와 소프트웨어의 과부하 가능성도 높아진다. 91년 2월 이라크의 스커드미사일 공격으로 28명의 미군이 사망한 사건도 이 문제로 인해 발생했다. "시간 에러를 통제하는 소프트웨어에 과부하가 걸려 스커드미사일을 놓친 것"이다.

셋째, 오인 사격도 문제이다. 통제된 시험과는 달리 실전에서는 아군의 항공기들이 대거 투입된다. 1차 걸프전 때에는 패트리엇이 미군 전투기를 향해 두 차례의 오인 사고가 있을 뻔 했지만 전투기가 피한 바 있다. 피격 위기에 처한 전투기가 패트리엇 부대를 공격해 레이더에 손상을 입힌 적도 있다. 2003년 미영 연합군의 이라크 침공 당시에는 패트리엇이 미군과 영국군 전투기를 각각 1대씩 격추시키기도 했다. 이는 패트리엇과 전투기 사이의 피아식별장치(Identify Friend or Foe)의 결함과 작전병의 오인 때문이었다. 패트리엇을 비롯한 MD는 '거의 자동화된' 시스템인 반면에, 작전병은 '소프트웨어를 신뢰하도록 훈련되었는데' 둘 사이에 불일치가 발생한 것이다.

정리하자면 시험과 실전의 가장 근본적인 차이는 공격자와 방어자의 관계에 있다. 시험에서는 공격자와 방어자가 동일하다. 반면 실전에서는 다를 뿐만 아니라 공격자는 방어자를 교란시키기 위해 온갖 수단을 동원하게 된다.

일각에서는 실전에서의 요격성공률이 떨어지더라도 "없는 것보다 낫다."고 주장한다. 가공할 피해 규모를 고려할 때, 요격 시도는 해봐야 하고, 그 성공률이 10-20%에 불과하더라도 말이다. 일리 있는 주장일 수 있다. 하지만 이러한 일말의 희망마저도 무색하게 만드는 현실이 있다. 바로 한반도의 지리적·지정학적 특성이다. 남북한이 휴전선을 맞대고 있고, 대한민국의 심장부인 수도 서울이 휴전선에서 불과 40km 정도 떨어져 있으며, 전체 영토의 종심이 짧다는 걸 간과해서는 안 된다는 것이다. 이에 대해서는 뒤에 자세히 설명키로 한다.

5. 사드 논란은 어떻게 전개되었나?

국내에서 사드 문제가 본격적으로 공론화된 시점은 2014년 5월 말, 미국 언론과 군부가 한국에 사드 배치를 검토하고 있다는 소식이 전해지면서이다. 그런데 이에 앞서 주목할 만한 흐름이 형성되고 있었다. 한·미·일 3자 MD 구축 흐름이 바로 그것이다. MD의 일환인 사드 배치도 이러한 맥락에서 이해해야 한다. 중요한 출발점은 오바마가 주선한 한·미·일 정상회담이었다. 3월 26일 네덜란드 헤이그에서 열린 이 회담에서 오바마는 3자 간 군사적 결속의 필요성을 강조하면서 "MD를 어떻게 더 심화시킬 수 있는지 논의할 것"이라고 말했다. 그 이후 한·미·일 3자 MD 구축에 탄력이 붙었고, 사드 논란도 이러한 맥락에서 불거졌다.

5월 28일 제임스 윈펠드 미국 합참차장은 "북한의 위협에 대비해 아시아·태평양 지역에 MD를 추가 배치하는 방안을 검토 중"이라고 밝혔다. 이어서 "2013년에 괌에 사드를 배치한 데 이어 아태 지역의 다른 곳에서도 추가로 할 수 있는지 알아봐야 한다."고 했다. 그런데 그가 말한 '다른 곳'의 유력한 후보지가 바로 한국이었다. 이러한 윈펠드의 발언은 하루 전 〈월스트리트저널(WSJ)〉의 보도와 맞물리면서 커다란 논란을 야기했다. 이 신문은 미국 국방관료들의 말을 인용해 "미국은 사드 배치를 위해 한국에서 현장조사를 실시해왔지만, 아직 최종 결정은 내려지지 않았다."고 보도했다.

윈펠드와 발언과 〈월스트리트저널〉 보도를 국내외 언론이 대서특필하면서 사드 논란은 일파만파로 번지기 시작했다. 급기야 중국 외교부는 5월 28일 미국의 사드 배치를 반대한다는 입장을 공식적으로 밝혔다. 이와 동시에 중국 매체들은 한국이 미국의 사드 배치를 허용하면 "한중관계가 희생될 것"이라는 경고성 보도를 내놓았다. 논란이 확산되자, 한국 국방부는 5월 29일 "현재로서는 사드 도입을 고려하고 있지 않다."며 진화에 나섰다. 그런데 5일 후 커티스 스캐퍼로티 한미연합사령관이 다시 불을 지폈다. "사드 배치는 미국 정부에서 추진하는 부분이고 제가 또 개인적으로 사드의 전개에 대한 요청을 한 바 있다."고 말한 것이다.

스캐퍼로티 발언 직후 박근혜 정부의 기류도 변하기 시작했다. 김관진 청와대 국가안보실장은 6월 18일 국회 대정부 질의에서 "주한미군이 사드를 전력화하는 것은 상관이 없다."고 말했다. 한 달 뒤 한민구 국방장관은 "미국이 주한미군을 통해서 사드를 한반도에 전개해서 배치한다면 그것은 북한의 핵과 미사일을 억제하고 한반도의 안보태세를 강화하는 데 도움이 될 것"이라며 발언의 수위를 높였다. 이는 사드가 한국 방어에 별로 실효성이 없다는 기존 입장과 크게 달라진 것이었다.

그러자 이번에는 러시아가 나섰다. 러시아 외교부는 7월 24일 발표한 논평을 통해 "한민구 한국 국방장관이 주한미군을 통해 미국의 사드를 현지에 배치하는 가능성을 배제하지 않는다고 발언한 데 주목한다."며 이러한 발언은 "경각심을 불러일으키지 않을 수 없다."고 지적했다. 이에 앞서 시진핑 주석은 7월 3일 박근혜 대통령을 만난 자리에서 사드 문제에 대해 신중한 대처를 요구했다. 이건 중국이 사드 문제를 최고 지도자가 직접 챙기고 있다는 것을 여실히 보여준 대목이다.

이처럼 사드 문제가 동북아 국제문제로 비화되자, 한국과 미국 정부는 진화에 나서려고 했다. 7월 말 미국 국무부는 "러시아 내에서 미국의 MD에 대해 강경한 의견이 나오는 것을 이해하지만 이것은 러시아를 겨냥한 것이 아니다."라고 주장했다. 중국의 사드에 대한 우려 역시 근거 없는 것이라고 덧붙였다. 비슷한 시기 한국 국방부도 "(사드 배치는) 러시아 안보와 전혀 무관하기 때문에" 러시아의 반응은 "불필요한 우려와 확대해석"이라고 반박했다. 중국의 반응에 대해서도 마찬가지 방식으로 대응했다.

미국 국방부도 각을 세웠다. 로버트 워크Robert O. Work 국방부 부장관이 8월 20일 한국을 방문한 자리에서 "MD는 한미동맹에 절대적으로 중요하다."고 강조한 것이다. 특히 그는 한국형미사일방어체제(KAMD)와 미국 MD가 "최대한 상호운용이 가능한 시스템이 되길 희망한다."고 했고, "한·미·일 3국이 정보를 공유하는 것이 가장 중요하다."고도 했다. 이는 중국과 러시아의 반발에도 아랑곳하지 않고 사드를 비롯한 MD를 밀어붙이겠다는 의미로 받아들이기에 충분한 발언이었다.

그러나 미국은 곧 꼬리를 내렸다. 워크 부장관은 9월 30일 미국외교협회(CFR) 간담회에서 사드를 '전략적 자산(strategic assets)'이라고 일컬으면서 "이걸 이동 배치하는 것은 매우, 매우 중요한 국가적 수준의 결정"이라고 신중한 입장을 밝혔다. 펜타곤 수준이 아니라 '대통령 수준'의 결정이 있어야 가능하다는 것이었다.* 한 달 전과는 발언 수위가 확연히 달라진 것이다. 그렇다면 왜 펜타곤은 신중 모드로 돌아선 것일까?

그 이유는 중국과 러시아의 강력한 반대에 있었다. 미국은 중국과 러시아의 반대에 대해 "사드는 전략적 MD가 아니기 때문에 사드를 우려할 필요가 없다."는 논리를 내세워 이들 나라를 설득하려고 했다. 즉 사드는 미국 본토로 날아오는 전략적 탄도미사일을 요격하기 위한 것이 아니라 "지역적 위협에 대응하기 위한 것"이라는 설명이다. 그러나 워크는 이러한 설득이 효과가 없었다고 토로했다. "미국은 러시아와 중국의 우려를 달래기 위해 이들 나라와 계속 협의해왔지만, 이들 나라는 계속 우려를 나타내고 있다."는 것이었다. 그리고 다음 날인 10월 1일 미국 국무부는 "사드 배치와 관련해 어떠한 결정도 내려진 바가 없다."고 밝히면서 사드 논란은 일단 수그러들게 된다.

---

* 간담회 전문 참조,
⟨http://www.cfr.org/defense-and-security/deputy-secretary-defense-robert-work-asia-pacific-rebalance/p33538⟩.

한동안 잠잠했던 사드 논란은 2015년 2월 들어 재점화되었다. 미국에서 사드 배치를 결정한 바는 없지만, 북한 위협 대처를 위해 검토 의사를 재차 피력한 것이다. 이 와중에 마크 리퍼트 주한 미국대사 피습 사건이 발생하면서 사드 논란이 국내에서도 커지기 시작했다. 새누리당 지도부가 한미동맹 강화 차원에서 사드 배치의 필요성을 강조하고 나선 것이다. 그러나 청와대는 '3노(NO)'라는 입장을 밝히면서 신중한 자세를 보였다. "미국의 요청이 없었기(No Request)때문에 한미 간의 협의도 없었고(No Consultation) 이에 따라 결정된 것도 없다(No Decision)."는 것이다. 그러나 미국 국방부 일부 관계자들은 "비공식 협의가 있었다."고 말해 박근혜 정부가 뭔가 숨기고 있는 것이 아니냐는 의혹을 낳기도 했다.

그러자 중국도 명확한 입장을 재차 강조하고 나섰다. 3월 17일 중국 외교부의 홍레이 대변인은 "사드 배치는 한미 간의 문제이기 때문에 중국이 간섭할 문제가 아니지 않느냐?"는 질문에 대해 이렇게 답했다.

"중국은 사드 문제에 대해 일관되고도 명확한 입장을 유지하고 있습니다. 한 나라가 자신의 안보 이익을 추구할 때, 그

나라는 지역의 평화와 안정뿐만 아니라 타국의 안보 우려도 고려해야 합니다. 우리는 특정 국가가 관련된 사안을 다룰 때 신중해지기를 희망합니다."

일주일 후에는 러시아 외교부가 사드 배치를 반대한다는 성명을 내놓았다. "이미 동북아의 안보가 극도로 복잡한 상황에서 이러한 조치(사드 배치)는 동북아 군비경쟁을 격화시키고 한반도 핵문제 해결을 더욱 어렵게 만들 것"이라는 이유 때문이다. 그러면서 "한국이 미국 글로벌 MD시스템의 자국 배치 결과에 대한 다면적 분석을 통해 그 득실을 면밀히 검토해야 할 것"이라고 주문했다. 러시아 외교부가 이러한 입장을 공식적으로 밝힌 것은 2014년 7월에 이어 두 번째였다.

사드를 둘러싼 관련국들 사이의 신경전이 치열하게 전개되던 와중에 애슈턴 카터 미국 국방장관이 주목할 만한 입장을 내놨다. 그는 4월 10일 한민구 국방장관과의 회담을 마치고 가진 기자회견에서 "사드는 아직 생산단계에 있기 때문에 회담 의제에 포함되지 않았다."고 말했다. 그는 또한 향후 사드 배치 여부는 사드 생산 결과 및 사드 요원의 훈련 상태 등 기술적인 진전을 종합적으로 고려해 결정할 것이라고 덧붙였다. 카터가 공식적으로 밝힌 문제는 사드를 한국에 배치하기에는 여러 가지 기술적인 문제가 남아 있다는 것이다. 여기에는 사드 생산 수준, 센서 및 다른 MD체제와의 통합 수준, 그리고 사드 요원의 훈련 상태 등이 포함되어 있었다. 그런데 펜타곤은 이들 문제를 해결하려는 계획을 갖고 있었다.

미국의 미사일방어국(MDA)에 따르면, 미국은 2015년 3월에 4개의 사드 포대를 보유하고 있었다. 이 가운데 하나는 괌에 배치되어 있는 상황이었고 나머지 세 개는 미국 텍사스의 포트 블리스에 있었다. 세 개 포대는 훈련 및 유사시 다른 지역에 신속하게 배치하기 위해 남겨두어야 할 상황이었다. 당시엔 한국에 배치하고 싶어도 배치할 여력이 없었던 셈이다. 이러한 이유로 인해 미 국방부는 2015년 내로 1개를, 2017년까지는 2개 포대를 추가로 획득할 계획을 밝혔다. 이는 당초 계획보다 2년 정도 빨라진 것이다. 이와 관련해 MDA는 "현지 사령관의 요구를 충족시키기 위한 것"이라고 밝혔다.* 그가 말한 현지 사령관은 주한미군을 염두에 두었을 가능성이 높았다.

---

* United States Senate Committee on Armed Services, Unclassified Statement of Vice Admiral J.D. Syring, March 25, 2015, 〈http://www.armed-services.senate.gov/imo/media/doc/Syring_03-25-15.pdf〉.

"사드는 생산 중"이라는 카터의 발언을 계기로 수그러들었던 사드 논란은 5월 중순에 재부상했다. 존 케리 미국 국무장관이 5월 18일 서울 용산 미군기지를 방문한 자리에서 북한 위협을 거론하며 "이것이 바로 우리가 사드와 다른 것들에 관해 말하는 이유"라고 말한 것이다. 다음날 프랭크 로즈 국무부 군축·검증 담당 차관보는 미국 워싱턴에서 한미연구소(ICAS) 주최로 열린 토론회에서 이렇게 말했다.

"최근 한반도에 사드 배치와 관련해 언론에서 많은 논의들이 있었다. 미국은 사드를 한반도에 영구적으로 배치하는 문제를 고려하고 있지만, 미국은 아직 최종 결정을 내리지 않았고, 또한 한국과 공식적인 협의도 하지 않았다. 분명한 것은 사드는 북한의 단거리와 중거리 탄도미사일을 요격하기 위한 우리의 능력을 향상시키려는 순수한 방어 무기라는 점이다. 사드는 러시아나 중국과의 보다 광범위한 전략적 안정에 영향을 주지도, 줄 수도 없다."

같은 날 제임스 윈펠드 합참 차장도 사드에 대한 의견을 피력했다. 그는 5월 19일 미국 전략문제연구소(CSIS) 강연회에서 "미국은 한국 내 사드 배치에 관심을 갖고 있다."면서 "사드는 다른 나라에겐 어떤 위협도 가하지 않는 훌륭한 시스템"이라고 주장했다. 그러나 "미국은 한국과 공식적인 협의를 하지 않았다."며 "미국은 한국의 우려를 존중하고 있고, 이에 따라 한국이 사드를 원하느냐"가 중요하다고 말했다.

이러한 미국의 입장 표명은 이전과 크게 다르지는 않았다. 그러나 국무부가 나섰다는 점이 주목을 끌었다. 이전에는 주한미군사령관과 태평양사령부, 그리고 펜타곤에서 주로 사드 관련 발언이 나왔었다. 그러나 이번에는 존 케리 국무장관과 국무부의 핵심적인 MD 부서인 군축·검증국이 사드 배치 필요성을 강조했다. 특히 로즈 차관보는 '영구적인 배치'를 언급해 크게 주목을 끌었다.

하지만 이후 사드 논란은 일단 수면 아래로 가라앉았다. 당시 미국은 한국에 사드를 즉각적으로 배치할 여력이 없었고, 북한도 핵실험이나 장거리 로켓 발사 등 이른바 '전략적 도발'에 나서지 않았다. 또한 박근혜 대통령은 9월에 중국 전승절에 참가해 "역사상 한중관계를 최고 수준으로 끌어올렸다."는 평가를 낳기도 했다.

2014~15년 상황을 복기해보면 두 가지 특기할만한 점을 발견하게 된다. 하나는 사드 배치에 부정적이었던 국방부의 입장이 호의적으로 돌변했다는 것이다. 시점은 펜타곤과 주한미군 사령관이 사드 배치를 공개적으로 언급한 직후부터였다. 이 시기에 록히드마틴 관계자들도 한국을 여러 차례 방문해 로비를 벌였다. 국방부의 입장 변화가 펜타곤 및 록히드마틴의 영향력과 무관하지 않다는 해석을 가능케 하는 대목이다. 또 하나는 이러한 국방부의 입장에도 불구하고 청와대는 비교적 신중한 자세를 유지했다는 점이다. 앞서 소개한 '3NO'가 대표적이다. 그런데 청와대의 신중한 입장은 2016년 들어 돌변하고 만다.

6. 사드 배치에도 최순실의 입김이?

사드 배치 결정에 최순실의 입김이 작용했는지는 아직 밝혀지지 않았다. 여러 가지 의혹이 제기되고 있지만, 명확한 사실관계는 여전히 오리무중이다. 그럼에도 불구하고 그 과정은 의문투성이다. 정상적인 의사결정과정은 온데간데없고 '대통령의 결심'이라는 한 마디로 정리되고 말았다. 그래서 궁금하지 않을 수 없다. 누가 박근혜의 결심을 이끌어낸 것일까? '이게 나라냐'는 탄식은 사드 배치 결정 과정에서도 예외가 아니었다.

결정적인 시발점은 박근혜의 2016년 1월 13일 신년 기자회견이었다. 그는 이 자리에서 "주한미군의 사드 배치 문제는 북한의 핵미사일 위협을 감안하면서 우리 안보와 국익에 따라서 검토해 나갈 것"이라고 말했다. 북한의 4차 핵실험이 표면적인 계기였지만 석연치 않은 부분들도 곳곳에서 발견된다. 먼저 미국의 공식적인 요청도 없는 상태에서 갑자기 '검토' 단계로 넘어갔다는 것이다. '3No'가 순식간에 뒤집힌 것이다. 또한 국방부와 외교부 등 관련 부처와 청와대의 숙의 과정도 없었다. 국내적으로 공론화 과정이나 중국과 러시아 등 사드 반대 국가들에 대한 외교적 설득 작업도 없었음은 물론이다.

대통령의 '검토' 발언은 사드 배치를 전제로 실무를 추진하라는 지침이나 다름없는 것이었다. 그러자 한미 양국 군부는 바쁘게 움직였다. 양측 국방부가 2월 7일 긴급 성명을 발표한 것이다. 이는 북한의 4차 핵실험 한 달 후이자 박근혜의 '검토' 발언 이후 25일 만에, 그리고 북한의 장거리 로켓 발사 하루만에 나온 것이다. 그 내용은 "미국과 대한민국은 증대하는 북한의 위협에 대응하기 위해 한미동맹의 미사일 방어태세를 향상시키는 조치로서, 주한미군의 사드 배치 가능성에 대한 공식 협의의 시작을 한미동맹 차원에서 결정하였다."는 것이다. 또한 "한미 공식 협의의 목적은 가능한 조속한 시일 내에 사드의 한반도 배치 및 작전수행 가능성을 공동으로 모색하는데 있다."고 덧붙였다. 아울러 "사드 체제가 한반도에 배치되면 북한에 대해서만 운용될 것"이라고 밝혀, 사드 배치를 반대해온 중국과 러시아의 불만을 달래려고 했다.

하지만 중국 외교부는 즉각 '강한 유감'을 표한다며, "류전민 외교부 부부장이 김장수 주중 한국대사를 긴급히 초치해 한국과 미국이 정식으로 사드의 한국 배치 논의를 시작한다고 선포한 데 대해 엄중히 항의했다."고 밝혔다. 이에 앞서 알렉산드르 티모닌 주한 러시아대사 역시 사드 배치에 대한 강한 반대 입장을 피력했다. 그는 "분명한 것은 사드 배치 결정이 앞으로 지역 내에서 러시아의 대외정책을 세우는 과정에서 고려될 것"이라고 경고했다. 북한도 〈노동신문〉 등 매체를 동원해 미국이 사드를 배치해 "우리에 대한 핵위협을 날로 증대시키고 조선반도와 동북아시아지역의 평화와 안정을 유린하고 있다."고 비난했다. 이에 반해 일본의 아베 신조 정권은 사드 배치 논의 개시를 '지지한다'고 밝혔다. 사드 배치를 둘러싸고 한·미·일 대 북·중·러의 갈등 구도가 분명해진 것이다.

중국의 반발은 더욱 거세졌다. 2월 11일 왕이 외교부장은 독일 뮌헨에서 윤병세 외교부 장관을 만나 "안보 관련 조치는 주변국의 이해와 우려를 감안해 신중히 대처하는 게 중요하다."며 반대 의사를 분명히 했다. 다음날 〈로이터〉와의 인터뷰에선 사드를 "항장무검 의재패공項莊舞劍 意在沛公"이라고 언급했다. 사드 배치를 '유방(중국)을 겨누는 항우(미국)의 칼춤'에 비유한 것이다. 이어 홍레이 외교부 대변인은 사드 배치를 '결연히 반대'한다며, "이 계획을 포기하기를 희망한다."고 밝혔다. 2월 18일자 중국인민해방군 기관지인 〈해방군보〉는 "한국의 사드 기지는 1시간이면 파괴 가능"하다며 군사적 대응까지 시사하고 나섰다.

그런데 2월 하순에 들면서 미중 간에 미묘한 기류 변화가 일어났다. 미국의 당면 목표는 강도 높은 유엔안보리의 대북 제재에 중국의 동의를 받아내는 것이고, 3월말로 예정된 핵안보정상회의에 시진핑 참석을 확약 받는 것이었다. 이에 반해 중국은 사드 추진에 제동을 거는 한편, 한반도 비핵화와 평화협정 논의를 병행추진하자는 입장을 미국에 관철시키려고 했다.

미국의 당면 과제가 유엔안보리 대북 결의 채택 및 시진핑의 핵안보정상회의 참석에 맞춰지면서 사드 관련 발언도 다소 누그러졌다. 해리 해리스 태평양사령관의 사드 발언이 대표적이다. 그는 2월 23일 미국 의회 청문회에선 "중국이 미국과 한국 방어를 위해 추진하고 있는 MD에 반대하면서 한미 간 틈새를 벌리려는 것은 터무니없는 짓"이라고 말했다. 그런데 이틀후 펜타곤에서 가진 기자회견에선 확연히 다른 발언을 했다.

"중국이 사드 배치에 강력히 반대하는 것에 대해 어떻게 생각하느냐?"는 질문에 대해 "사드 배치를 협의하기로 한 것이지, 한반도에 배치하기로 결정한 것은 없다."고 답한 것이다. 이는 "조속한 배치를 전제로 사드 협의를 하겠다."던 미국 군부의 기존 입장과 확연히 달라진 것이다.

이러한 발언의 변화는 2월 23일에 있었던 존 케리 미국 국무장관과 왕이 중국 외교장관의 회담이 크게 작용했다고 할 수 있다. 이 자리에서 왕이는 사드에 대한 반대 입장을 분명히 했고, 케리는 '전례 없이 강력한 대북 제재'에 합의했다고 강조했다. 미국은 사드를 톤 '다운'down하고 중국은 대북 제재를 '업'up하는 거래였던 셈이다. 또한 왕이는 3월말에 열리는 핵안보정상회의에 시진핑의 참석 여부에 대해 명확한 입장을 내놓지 않았다. 그러자 오바마는 왕이와 수전 라이스 백악관 안보보좌관 회동 중간에 불쑥 나타나 "시 주석의 참석을 요청한다."는 입장을 전달하기도 했다.

핵안보정상회의는 오바마가 취임 첫 해인 2009년 4월 체코 프라하에서 '핵무기 없는 세계'를 주제로 연설하면서 시작되었다. 그리고 4차 회의는 오바마 임기 마지막 해에 워싱턴에서 열릴 예정이었다. 당시 오바마 행정부가 사드 배치에 신중론으로 돌아선 데에는 이러한 요인도 작용했다고 할 수 있다. 중국이 사드 배치를 강력히 반대하는 상황에서 사드 배치도 밀어붙이고 시진핑의 회의 참석도 보장받기는 어려웠기 때문이다.

이를 반증하듯 오바마 행정부는 중국을 배려하는 듯한 모습도 보였다. 미중 외교장관 회담을 앞두고는 '사드 공동실무단 구성 및 운영에 관한 약정' 체결을 돌연 연기했다. 케리는 외교장관회담 직후 "우리는 사드 배치에 급급하거나 초조해하지 않는다."고 말했다. 또한 비핵화와 평화협정 논의를 병행해야 한다는 이른바 '왕이 이니셔티브'에 대해서도 "북한이 협상 테이블에 나와서 비핵화를 협상한다면, 북한은 결국 한반도에 미해결된 문제를 해결할 수 있는 미국과의 평화협정을 맺을 수 있다."고 말했다.

이와 관련해 2월 29일 기자 브리핑에서 존 커비 국무부 대변인은 "사드의 한반도 배치와 유엔 대북 제재는 별개로 관련이 없다."고 밝혔다. 하지만 실제 양상은 다르게 전개됐다. 미국은 중국과의 안보리 결의 담판 과정에서는 '사드 공동실무단 구성 및 운영 등에 관한 약정'을 돌연 연기했었다. 그런데 3월

3일 안보리 결의가 공식 채택되자, 다음날인 3월 4일 약정을 체결하고 공식 논의에 착수했다.

그 이후 미국 국방부는 한국 내 사드 배치를 기정사실화하는 발언을 잇달아 내놨다. 미 육군 '우주 및 미사일방어사령부' 사령관인 데이비드 만David Mann 중장은 사드 포대는 제한되어 있는 반면에, "여러 곳에서 사드를 보내달라는 요구는 많았다."고 말했다. 유럽을 작전권에 두고 있는 유럽사령부, 중동을 관할하는 중부사령부, 그리고 최근에는 일본 정부까지 사드 배치를 요청했다는 것이다. 그러면서 이들 지역에 사드 배치는 "아직 말할 단계는 아니다."라고 하면서, 북한의 미사일 배치는 "매우 진지하게 받아들여야 한다."고 주장했다. 미국 군부가 한국을 최우선적인 사드 배치 지역으로 삼고 있다는 것을 시사한 발언이었다.

이를 뒷받침하듯 애쉬턴 카터 국방장관은 4월 8일 한국 내 사드 배치는 "곧 이뤄질 것(it's gonna happen)"이라며, "사드 배치는 필요한 것이고 이건 미국과 한국 사이의 문제이지 중국과는 무관한 것"이라고도 말했다. 브라이언 매키언 미 국방부 수석 부차관 역시 4월 14일 의회 청문회에서 "그동안 부지 선정과 비용 문제를 알아보는 회의가 한국에서 몇 차례 있었다."
며, "우리가 시간표를 제시할 수는 없지만 결론에 도달할 것으
로 확신한다."고 말했다. 뒤이어 카터는 6월 3~5일 싱가포르에
서 열린 아시아안보회의(상그릴라 대화) 참석에 앞서 "한국과 사
드 배치를 논의할 수 있다."고 밝혔다. 펜타곤의 고위관계자는
"조만간 발표가 있을 것"이라고 말했다.

한국 국방부도 연내 배치 결정을 강력히 시사하고 나섰다.
우선 한민구 장관은 사드의 유용성을 강조하고 나섰다. 그는
카터를 만난 직후 "사드 배치에 분명한 의지가 있다."고 말했다.
6월 6일 〈CNN〉과의 인터뷰에서 "사드가 배치되면 한국 방어
능력이 강화될 것"이라고 했고, 24일 국방부 출입기자단 간담
회에서는 "사드로 무수단미사일 요격이 가능하다고 판단한다."
고 주장했다. 그리고 28일 국회 법제사법위원회 전체회의에서
"사드 배치가 올해 안에 결론이 나지 않겠느냐."고 언급했다.

그러나 당시까지만 하더라도 배치 결정이 임박했다는 어떠
한 징후도 발견되지 않았다. 국방부는 "배치 시기와 지역은 아
직 결정된 바 없다."고 했고, 한민구 장관도 국회에서 "검토 중"
이라는 답변을 내놨다. 이에 따라 배치 결정 발표는 10월이 유

력하게 거론되었다. 9월 중국 항저우 G20 정상회담에서 한미 양국이 시진핑에게 설명을 하고, 10월 한미연례안보회의(SCM) 에서 발표하지 않겠느냐는 추측이 나온 것이다. 하지만 한미 양국은 7월 8일 사드 배치 결정을 전격 발표하고 만다.

사드 배치에 대한 찬반 입장을 떠나 배치 결정 과정부터가 문제투성이이다. 불과 사흘 전까지만 하더라도 한민구 국방장관은 "한미 간의 실무 협의 단계에 있다."며 결정된 바가 없다고 했었다. 그런데 이틀 후에 청와대는 국가안전보장회의(NSC)를 열어 사드 배치를 결정하고 다음날인 7월 8일 발표했다. 이와 관련해 김종대 정의당 국회의원은 "당시 NSC 회의에는 국방부장관도 참석하지 않았고 사드는 국방부가 준비한 안건이 아니라 대통령이 직접 결정한 것"이라는 사실을 폭로하기도 했다.[*]

비정상적인 정책 결정은 이 대목에서 여실히 드러난다. 청와대는 주무부처인 국방부의 안건에도 없었던 사드 배치를 "대통령의 결정"이라며 밀어붙였다. 사드 배치를 발표한 당일, 또다른 주무장관이라고 할 수 있는 윤병세 외교부장관은 바지

----

[*] 〈프레시안〉 7월 29일.

수선 차 백화점에 있었다. 검토보고서 작성 완료는 물론이고 부지 선정조차 이뤄지지 않은 상황에서 먼저 배치를 결정했다. '마차가 말을 끈 셈'이다. 이처럼 국가적 대사를 숙의가 아니라 졸속으로 결정된 배경, 즉 대통령의 결심에 어떤 힘이 작용했는지 의문이 들지 않을 수 없다.

초기에는 미국의 압력설이 유력하게 제기되었다. 박근혜 정부는 아직 준비가 안 돼 있었지만, 미국의 요구에 따라 서둘러 발표하게 되었다는 주장이 유력했다. 이렇게 해석할 수 있는 여러 가지 정황들도 있었다. 먼저 펜타곤과 군수업체에 다급한 사정이 있었다. 당초 미 육군과 록히드마틴은 2020년까지 9개 포대를 희망했었다. 하지만 미국 행정부와 의회는 7개 포대 예산만 승인했다. 이에 따라 펜타곤과 록히드마틴은 한국에 조속히 사드를 배치해야 추가적인 판매 및 획득이 가능해진다고 여겼을 수 있다. 미국은 북한의 중장거리 미사일 '무수단(북한명 화성-10)' 시험발사 성공에 조속히 대응해야 한다는 강박관념을 가졌을 가능성도 있다. 북한은 2016년 4월 15일부터 6월 22일까지 모두 6차례에 걸쳐 '무수단'으로 불리는 중장거리탄도미사일을 시험발사했다. 이 가운데 앞선 5차례는 실패한 것으로, 6번째 발사는 성공한 것으로 분석되었다. 이 미사일이 실전배치되면 오키나와는 물론이고 괌까지 사정권 아래에 들어오게 된다. 이에 따라 미국은 군사적 조치를 취해야 한다고 여겼을 것이고, 이게 사드의 조속한 배치 결정으로 이어졌을 가능성도 있다. 오바마 행정부는 2013년 4월 한반도 위기 당시 시험평가 단계에 있었던 사드를 괌에 서둘러 배치한 적도 있다.

미국이 국제상설중재재판소(PCA)의 남중국해에 대한 영유권 분쟁에 대한 판결과 사드 발표를 연계했다는 시각도 있었다. 7월 12일 네덜란드 헤이그 국제상설중재재판소는 남중국해에 대한 중국과 필리핀의 영유권 분쟁에 대한 판결을 예정하고 있었고, 그 판결은 필리핀의 손을 들어줄 것이라는 전망이 압도적으로 높았다. 이를 예상한 미국은 이 판결에 대한 중국의 대응을 분산시키기 위해 사드 배치 결정을 서둘러 밀어붙였다는 것이다.

이 과정에 있었던 미국 국무부 군축담당 차관보 프랭크 로즈의 행보도 주목을 끌었다. 그는 6월 29일부터 7월 8일까지 일본-한국-중국을 차례로 방문했다. 그런데 로즈의 한국 내 동선이 심상치 않았다. 우선 7월 2일 서울에 도착한 로즈의 사흘간 행보에 대해 전혀 알려진 바가 없었다. 이 사이에 청와대 관계자들을 만났을 가능성이 제기된다. 이와 관련해 정연국 청와대 대변인은 로즈가 청와대 관계자와 만났는지에 대해 "아닌 것으로 알고 있다. 만났다고 듣지 못했다."고 말했다. 하지만 6월 24일 국무부 홈페이지에 게재된 내용에 따르면 "로즈는 한국 외교부 및 청와대 고위 관료들과 만날 예정"이라고 나와 있다. 의제에 대해서도 양국의 설명이 다르다. 박근혜 정부는 "우주 정책을 논의하기 위한 것"이라고 했지만, 국무부는 "다양한 전략적 문제들을 토의하기 위해" 한국을 방문한다고 설명했다. 전략적 문제에 사드 논의가 예외일 수는 없었다.

이러한 미국 측 요인을 종합적으로 고려하면, 박근혜 정부가 미국의 요청에 따라 서둘러 발표키로 했다는 분석이 나올 법도 했었다. 하지만 10월 하순부터 본격적으로 불거진 '박근혜-최순실 게이트'는 사드 결정 과정에 대한 의혹으로까지 확대되고 있다. 즉 박근혜의 결심에 모종의 힘이 작용했고, 그 힘은 바로 최순실의 개입이 아니었겠느냐는 것이 핵심적인 의혹이다. 이와 관련해 더불어민주당의 안민석 의원은 "지난 6월 최 씨가 록히드마틴 회장과 만난 것으로 알고 있다."며 "최 씨와 록히드마틴을 연결해준 인물은 현 정권의 외교안보분야 실세"라고 주장했다. 김관진 청와대안보실장이 6년 전 미국에 체류할 당시 록히드마틴에서 2년간 체류비를 지원했다는 것이다.* 이와 관련해 록히드마틴은 보도자료를 내고 의혹을 부인했다.

최순실과 록히드마틴 회장과의 만남 여부와 관계없이 사드 배치 결정 과정이 석연치 않은 것만은 분명하다. 위에서 설명한 것처럼 정상적인 의사결정이 아니라 '대통령의 결심'에 따라 갑작스럽게 발표되었기 때문이다. 이와 관련해 주목할 점은 크게 두 가지이다. 하나는 박근혜 정부 들어 유독 록히드마틴이 대박을 터뜨렸다는 것이고, 또 하나는 록히드마틴과 최순실 세력 사이에 모종의 커넥션이 있었다는 합리적 의심이다.

검찰과 특검, 그리고 국회 국정조사에서 드러난 것처럼 대통령 박근혜는 유독 최순실이 개입된 사업에 관심을 쏟았다. 때로는 사실상 최순실의 지시에 따라 사업을 챙긴 사실도 확인되었다. 그런데 차세대 전투기(F-X) 사업, 고등 훈련기인 T-50, 그리고 사드 배치도 모두 박근혜의 '관심 사업'이었고, 그래서 비정상적인 정책결정이 똬리를 틀고 있다. 그리고 이들 사업은

* 〈중앙일보〉, 2016년 11월 24일.

모두 록히드마틴 것들이었다.

먼저 F-X사업 의혹부터 살펴보자. 당초 이 사업의 유력한 기종은 보잉의 F-15SE였다. 가격 입찰 결과 유일하게 이 전투기가 총사업비 8조3000억 원을 맞췄고, 이에 따라 2013년 9월 24일 방위사업추진위원회는 'F-15SE 차기 전투기 기종 선정'을 안건으로 상정했다. 그런데 방추위는 이 안을 부결했다. 수년간 검토 끝에 결정된 기종이 하루아침에 탈락한 것이다. 그리고 2014년 3월 24일 방추위는 록히드마틴의 F-35를 단일 기종으로 선정했다. 이 자리에서 김관진 당시 국방장관(현 청와대 안보실장)은 "정무적 판단을 해야 했다."고 말했다.

'정무적 판단'은 박근혜의 결심과 동의어이다. 그리고 그 결심은 핵심적인 문제들마저 깔아뭉갰다. 당시 F-35는 개발 및 시험단계에 있었고 각종 결함과 개발비 폭등으로 미국 내에서조차 "스캔들이자 비극"이라는 말이 나올 정도였다. 또한 가격을 맞추려다 보니 도입 대수도 60대에서 40대로 줄여야 했다. 무엇보다도 록히드마틴은 파격적인 기술 이전을 제시한 보잉이나 유럽항공방위우주산업(EADS)과는 달리 핵심기술 이전도 거부했던 터였다. 이로 인해 한국형 전투기(KF-X) 사업도 차질을 빚고 있다.

이에 따라 '정무적 판단'의 실체에 의혹의 시선이 모아지고 있다. 이와 관련해 〈SBS〉 등은 군 안팎의 소식통을 인용해 "이른바 비선 실세도 F-X사업을 들여다봤다."며 "최순실은 사업 관계자들에게 직접 전화를 해서 사업 분위기를 파악한 것으로 알고 있다."고 전했다. 〈세계일보〉는 F-X 사업에 참여했던 전직 방위사업청 관계자가 "사업 추진 과정에서 최순실 씨 얘기는 들어본 적이 없다."면서도, "최 씨의 전 남편인 정윤회 씨에게서 전화를 받은 일은 있다."고 말했다고 보도했다. 그런데 F-X사업 기종 변경 당시에 두 사람은 부부관계였다.

T-50사업도 수상한 부분이 있다. T-50은 한국항공우주산업(KAI)과 록히드마틴이 공동 개발한 고등 훈련기이다. 그런데 이 사업도 박근혜의 '관심사업'이었다. 그는 2015년 12월 17일 경남 사천에서 열린 'T-50 공개 기념행사'에 직접 참석했다. 대통령이 정부와 직접적인 이해관계가 없는 사업 행사에 참석한 것 자체가 대단히 이례적인 것이었다. "국방부조차도 대통령의 참석을 만류했었다."는 전언이 나올 정도이다. 그렇다면 대통령의 마음을 움직인 세력은 누구일까? 합리적 의심은 록히드

마틴과 이른바 '비선 실세'와의 관계에 쏠린다. T-50 공개 행사 직전에 록히드마틴의 고위 관계자들이 청와대 '문고리'를 비롯한 비선 실세와 접촉했다는 주장이 나오고 있기 때문이다.

앞서 언급한 것처럼, 사드 결정과 관련해서도 석연치 않은 부분들이 많다. 특히 마이크 트로츠키 록히드마틴 부사장은 한국을 방문한 다음 2015년 10월 30일 워싱턴에서 기자 회견을 자청해 "한미 양국 정책 당국자들 사이에서 (사드) 논의가 진행되고 있다는 것은 확인할 수 있다."고 말한 것이 주목된다. 당시 한미 양국 정부는 사드 논의를 하지 않고 있다는 입장이었던 만큼, 그가 청와대 인사나 최순실 세력과 접촉했을 가능성을 시사해주기 때문이다. 물론 이러한 정황들이 사드 배치도 최순실이 결정했다는 결론으로 이어지지는 않는다. 하지만 '박근혜-최순실 게이트'에 대한 진상 규명 대상에 사드를 비롯한 록히드마틴 사업들도 마땅히 포함되어야 할 사유는 분명하다고 할 수 있다. 많은 국민들은 주무부처와의 숙의도 없이 대통령이 독단적으로 결심한 배경에 의구심을 품고 있기 때문이다.

2부

무용지물과 인화물질

사드로 북핵을 막을 수 있을까? 가장 중요한 질문인데 가장 소홀하게 취급되어온 문제이다. 사드의 최대사거리가 200km라고 한다. 그래서 사드 기지를 기준으로 반경 200km 안으로 날아오는 북한의 핵미사일을 요격할 수 있다고 한다. 그런데 여기엔 함정이 있다. 평면도가 아니라 측면도로 보면 상황은 완전히 달라진다. 사드의 최저 요격고도는 40km이다. 그 밑으로 북한의 핵미사일이 날아오면 어떻게 될까? 사드의 최대 요격고도는 150km이다. 그 위로 북한의 핵미사일이 넘어가면 어떻게 될까?

사드가 이미 이데올로기가 된 현실에서는, 사드가 정치적 반대파를 공격하는 무기가 된 현실에서는 쉽게 공론화되기 힘든 물음이다. 하지만 이 간단한 질문은 사드 반대가 결코 '반대를 위한 반대'가 아니라는 것을 보여준다.

7. 북핵이 먼저인가, 사드가 먼저인가?

사드는 북핵 때문에 한국에 들어온다고 한다. 북핵이 해결되면 한국을 떠난다고도 한다. 전적으로 틀린 말은 아닐 수 있다. 실제로 한국 내 사드 배치론은 북한의 수차례에 걸친 핵실험과 탄도미사일 시험발사에 힘입어 부상했다. 하지만 이렇게 정리하고 끝낼 문제가 아니다. 북핵과 사드를 비롯한 MD의 오랜 악연은 어느 게 먼저인가에 대한 근본적인 질문을 제기해주기 때문이다.*

단언컨대, MD는 1990년대 이후 한반도 문제를 이해하는 '키워드'이다. 또한 MD만큼이나 한반도 분단의 삐뚤어진 현실을 보여주는 것도 드물다. 한반도의 북쪽은 MD 구실의 단골 메뉴처럼 등장해왔다. 북한이 탄도미사일 개발·보유·확산 국가

---

* 이에 관한 상세한 내용은 〈MD 본색〉 참조.

이고 그 지도부가 비이성적이고 예측할 수 없으며 도발을 일삼는 집단이라는 이미지에 편승해서 말이다. 반면 한반도의 남쪽은 MD 포섭의 대상이 되어왔다. 한미동맹의 종속성과 더불어 MD의 명시적·잠재적 대상국들인 북한, 중국, 러시아와 가장 가까운 곳에 있는 한국이야말로 미국에게는 최고의 지정학적 이점을 제공하기 때문이다.

MD와 북핵의 악연은 1994년으로 거슬러 올라간다. 40년 만에 의회 다수당을 되찾기 위해 절치부심하던 미국 공화당은 그해 11월 중간선거를 40여일 앞둔 시점에 '미국과의 계약(Contract with America)'이라는 정강정책을 내놓았다. 이 공약집에 담긴 외교안보 정책 1순위는 이런 것이었다. "효과적인 국가미사일방어체제(NMD) 만들겠다는 미국의 약속을 부활시키겠다." 그런데 공화당이 정강 정책을 발표한지 4주 만에 클린턴 행정부는 북한과 제네바 기본합의를 체결하게 된다. 이 합의는 북한의 핵동결 및 궁극적인 폐기와 미국의 대북 안전보장과 관계정상화, 그리고 경수로 제공을 두루 담은 것이었다. 하지만 의회 선거에서 상하원을 장악한 공화당은 제네바합의를 '악행에 대한 보상'이라고 맹공을 퍼부으면서 사사건건 합의 이행에 제동을 걸었다. 대신 북한을 상대하는 방법은 MD에 있다며 클린턴 행정부를 압박했다.

이 과정에서 미국의 군산복합체와 보수적 싱크탱크도 맹활약했다. 록히드마틴, 보잉, 레이시온, TRW 등 메이저 군수업체들에게 MD 계획은 말 그대로 '황금알을 낳는 거위'였다. 우선 초기 사업 규모가 2400억 달러로 추정될 정도로 그 규모 자체가 엄청났다. 또한 단기적인 수입은 물론이고 중장기적인 수입을 보장하는 측면에서도 MD는 탁월했다. '절대 안보'를 신봉하는 미국식 문화에서 현 단계에서의 MD의 성능 미비는 이 사업의 취소가 아니라 더 많은 예산을 투입해 반드시 실현해야 하는 과제로 인식되었다. 또한 MD는 '공급이 수요를 창출한다'는 세이의 법칙에 딱 맞는 것이었다. 미국이 MD를 구축할수록 그 대상이 되는 국가들은 더 많은 미사일을 만들기 마련이고, 이는 곧 더 많은 MD로 이어지기 때문이다.

바로 이러한 이유 때문에 미국의 메이저 군수업체들은 MD에 사활을 걸고 뛰어들었다. 이들은 막강하고 치밀한 로비망을 짜서 정치권에 정치자금을 대는 한편, 보수적 싱크탱크를 통한 여론화 및 정책결정 과정에 개입해 들어갔다. 그런데 조속히 MD를 구축하기 위해서는 대전제가 필요했다. 조만간 미국의 적대국이 미국 본토를 공격할 수 있는 장거리 미사일을 개발할 것이라는 가정이 바로 그것이다. 당시 이러한 능력을 갖고 있는 나라는 러시아와 중국이었다. 그런데 이들 나라의 위협을 명분으로 MD를 추진한다는 것은 냉전을 다시 시작하자는 것과 다름없었다. 그래서 군산복합체는 북한에 매달렸다.

공화당이 장악한 미국 의회는 1995년 클린턴 행정부에게 '미국이 직면한 탄도미사일 위협에 대한 국가정보평가 보고서'를 제출토록 요구했다. 이에 따라 클린턴 행정부는 보고서를 작성·제출했는데, 결론은 "미국 본토에 대한 즉각적인 탄도미사일 위협이 있다고 보기 어렵다."는 것이었다. 이에 발끈한 공화당은 자신들 주도하에 별도의 위원회를 만들었다. '럼스펠드 위원회'라고도 불린 '미국에 대한 탄도미사일 위협 평가위원회'가 바로 그것이었다. 위원장으로 기용된 도널드 럼스펠드는 'MD 보일러'라는 별명을 얻고 있었던 안보정책센터의 고문을 맡고 있었다.* 그가 주도한 보고서가 1998년 7월에 나왔는데, 그 결론은 이랬다. "북한이 5년 이내에 미국 본토까지 다다를 수 있는 대륙간탄도미사일(ICBM) 개발에 성공할 것이다." 그

---

* 럼스펠드는 조지 W. 부시 행정부 때 국방장관으로 기용되었고 MD 구상을 주도했다.

런데 그로부터 20년 가까이 지난 오늘날에도 미국 정부는 북한이 아직 ICBM 개발에 성공하지 못한 것으로 평가한다. '럼스펠드 보고서'가 얼마나 과장되었는지 알 수 있는 대목이다.

한편 1998년 8월 들어 두 가지 사건으로 MD 논쟁은 새로운 국면을 맞이하게 된다. 하나는 〈뉴욕타임스〉가 미국 정보기관 관계자들을 인용해 "북한이 금창리에 비밀 핵시설을 만들고 있다."는 의혹을 보도한 것이었다. 다른 하나는 기다리면 망할 것 같다던 북한이 건재함을 과시하듯 3단계 로켓(광명성 1호)을 쏘아 올린 것이었다. 북한이 비밀 핵시설을 보유하고 있다는 의혹은 공화당이 그토록 저주한 제네바합의를 무너뜨릴 수 있는 절호의 기회였다. 또한 북한이 장거리로켓을 쏘아 올린 것 역시 MD에 새로운 활력을 불어넣는 호재였다. 미국 내 MD파들로서는 그야말로 '광명'을 만난 셈이었다.

이에 고무된 공화당 주도의 의회는 "가능한 빨리 NMD를 구축하라'는 법을 또다시 통과시켰다. 그러자 클린턴 행정부는 '3+3 계획', 즉 3년간의 시험평가를 거쳐 이후 3년간 초기 NMD를 실전배치한다는 계획을 내놓았다. 이로써 NMD는 거스를 수 없는 대세가 된 듯 했다. 그러나 반전이 찾아오는 데에는 오랜 시간이 걸리지 않았다. 미국은 북한과의 협상 끝에 1999년 두 차례에 걸쳐 핵시설이 있다는 금창리 동굴을 방문했다. 결과는 '텅 빈 동굴'이었다. 또한 북미 간 미사일 협상도 본격화되면서 북한은 "북미 대화가 진행되는 동안 로켓 발사를 하지 않겠다."고 약속했다. 2000년에 들어서는 남북정상회담과 북미간의 특사 교환이 이뤄졌다. 한반도 평화프로세스가 본격화되면서 클린턴도 NMD 문제를 차기정권으로 넘기겠다고 발표했다.

　이러한 분위기 속에서 북한의 핵과 미사일 문제를 해결할 절호의 기회가 찾아왔다. 2000년 10월 하순 평양을 방문해 김정일과 회담을 가졌던 올브라이트 국무장관은 "김정일이 미사일 수출 문제와 관련해 미국의 요구사항 대부분을 수용할 정도로 매우 협력적인 태도를 보였다."고 밝혔다. 이제 남은 건 클린턴의 방북이었다. 미국 정부도 약속한 바였다. 그러나 당시 정권을 잡은 공화당은 그의 방북길을 가로 막았다. 그 이유에 대해 올브라이트는 이렇게 회고했다. "의회와 전문가 그룹의 많은 사람들이 북한과 하는 거래가 NMD 구축의 명분을 약화시킬 것을 우려했기 때문에 북미정상회담에 반대했다."

2001년 1월 취임한 부시 행정부는 취임 초기부터 북한과의 협상을 없던 일로 해버렸다. 그리고 북한의 위협을 이유로 MD 구축에 박차를 가했다. 대북 협상과 MD 구축은 양립할 수 없다고 여겼기 때문이다. 5월 1일 MD 추진계획을 공식발표한 부시 행정부는 〈모든 미국대사관에 보내는 미 행정부의 대책문서〉를 작성해 전세계 미국대사관에 발송했다. MD에 대한 반대 여론이 전세계적으로 컸던 만큼, 이 문서를 이용해 로비를 전개하라는 의미였다. 이 문서의 키워드는 '북한 위협'이었다.*

공개적인 발언 수위도 크게 높아졌다. 럼스펠드 국방장관은 6월 말 미 하원에 출석해 이렇게 말했다. "일본이 진주만을 공격할 것이라고 누가 상상이나 했겠는가? 북한이 (탄도미사일 보유를 통해) 행동의 자유를 갖게 되면, 그런 행동에 나설 가능성을 나는 부인하고 싶지 않다." 2주 후 콘돌리자 라이스 국무장관은 "탄도미사일 기술이 대규모로 확산되고 있는데, 이는 북한이 세계 각지에 미사일 기술을 팔고 다니기 때문"이라고 주장했다. 같은 날 폴 월포위츠 국방부 부장관은 "만약 금년에 한반도에서 전쟁이 터질 경우, 우리가 직면할 가장 가공할 위

* 이 문서의 번역 전문은, 이삼성·정욱식 외, 《한반도의 선택》(삼인, 2003년), 부록에서 볼 수 있다.

협들 가운데 하나는 북한의 탄도미사일 위협이 될 것"이라며 조속히 주한미군을 보호할 MD를 배치할 계획이라고 말했다.

　이처럼 '북한위협론'을 부풀려 MD 구축에 사활을 걸고 있었던 미국은 엉뚱한 곳에서 뚫리고 말았다. 작은 칼을 손에 쥔 테러리스트가 여객기를 납치해 뉴욕과 펜타곤을 공격한 것이다. 9·11 테러에도 불구하고 부시 행정부는 MD 구실을 잃지 않기 안간힘을 썼다. 11월 중순 럼스펠드는 북한이 9·11 테러의 주범으로 지목된 알 카에다에 생화학무기를 제공했다는 증거에 대해 확실히 얘기할 수 없으나, "북한이 과거에 테러행위를 했고 테러지원국 리스트에 올라 있으며 그런 기술을 확산시키는 데 적극 기여했다."고 주장했다. 부시는 11월 26일 "이라크와 북한이 대량살상무기를 개발하지 않고 있다는 것을 세계에 보여주기 위해 사찰을 받지 않을 경우 그 책임을 져야할 것"이라고 경고했다. 백악관 대변인은 "부시 대통령이 대선 유세때부터 북한의 대량살상무기 문제를 집중적으로 거론해왔다."는 점을 상기시키면서 "이것이 바로 대통령이 MD를 추진하려고 하는 이유 가운데 하나"라고 강조했다. 12월엔 존 볼튼 국무부 차관이 "이라크가 가장 큰 우려이고, 북한은 극도로 불안한 국가"라고 주장했다.

급기야 부시는 2002년 1월 29일 자신의 첫 국정연설에서 "미국은 세계에서 가장 위험한 국가들이 세계에서 가장 파괴적인 무기들로 미국을 위협하도록 허용하지 않을 것"이라며, 북한, 이라크, 이란을 별도로 지목해 '악의 축(axis of evil)'이라고 규정했다. 북한에 대해서는 "미사일과 대량살상무기를 보유하고 있으며 국민을 굶주리게 하는 나라"라고 그 이유를 밝혔다. '9·11 테러 발생 → 북한은 테러 지원국 → 북한 위협 대비 MD 필요'라는 자의적인 삼단논법이 등장한 것이다.

그런데 공교롭게도 부시가 북한을 '악의 축'으로 규정했던 시점에 북한은 핵과 미사일 관련 합의를 비교적 잘 지키고 있었다. 핵무기 개발을 중단키로 한 제네바합의를 이행해 부시 행정부로부터도 중유를 받고 있었다. 2002년 말에 불거진 비밀 우라늄 농축 프로그램의 보유 여부는 여전히 논란거리이지만, 확실한 것은 부시가 북한을 악의 축으로 언급하기 전후에 이에 대한 언급은 일절 없었다는 점이다. 탄도미사일 관련해서도 북미 대화가 진행되는 동안 발사를 유예하겠다고 약속한 1999년 베를린합의 및 2000년 북미공동코뮤니케를 준수하고 있었다. 알 카에다와도 아무런 관계가 없었음은 물론이다. 그럼에도 불구하고 북한은 악의 축으로 지목되고 말았다.

부시가 북한을 '악의 축'으로 지목한 지 15년이 흘렀다. 이 사이에 부시의 말은 씨가 되고 있다. "대량살상무기를 장착한 북한의 장거리 탄도미사일이 미국까지 다다를 것"이라는 부시 행정부의 과장된 주장이 빠른 속도로 현실화되고 있는 것이다. 미국의 MD에 대한 광적인 집착이 북한의 핵무기와 탄도미사일에 대한 집착을 다시 호출하고 말았던 것이다. 반대로 북한 정권의 이들 무기에 대한 집착은 MD라는 괴물에게 좋은 먹잇감이 되고 있다. 한마디로 MD와 북핵의 적대적 동반성장이다. 이러한 추세는 오늘날 더 빨라지고 있다. 사드가 대표적이다. 이 악연의 고리를 어떻게 끊느냐가 한반도와 동북아 평화의 관건인 것이다.

'북핵이 먼저냐, 사드가 먼저냐'는 질문은 단순히 시간 관계나 인과 관계에만 국한되지 않는다. 어느 것에 더 정책적인 무게 중심을 두느냐에 따라 그 양상이 달라질 수 있기 때문이다. 위의 설명에서 알 수 있듯이 미국이 사드를 비롯한 MD에 우선순위를 두면 북핵 해결은 더더욱 난망해진다. 부시 행정부의 MD 집착은 제네바 합의와 북미공동코뮤니케와 같은 한반도 평화프로세스를 요격시켰다. 그 결과 북핵은 눈덩이처럼 불어났고 더 커진 북핵 앞에서 오바마 행정부는 대담한 협상 대신에 '전략적 인내'로 후퇴하고 말았다. 그 대신 북핵 위협을 이유로 사드를 한국에 배치하려고 하고 한·미·일 삼각동맹을 추구했다. 트럼프가 어떤 선택을 할지는 아직 알 수 없다. 다만 분명한 게 있다. 북핵과 사드의 동시적 위협에 직면한 우리의 선택이 어느 때보다 중요해지고 있다는 것이다.

8. 사드로 북핵을 막을 수 있나?

사드로 북핵을 막을 수 있을까? 가장 중요한 질문인데 가장 소홀하게 취급되는 질문이다. 박근혜 정부와 새누리당, 그리고 상당수 언론은 '사드로 북핵을 막을 수 있다'는 것을 기정사실처럼 여긴다. 국방부는 경북 성주에 사드를 배치하면 "대한민국 전체의 2분의 1에서 3분의 2 지역에 사는 우리 국민(2천여만 명)의 안전을 더 굳건히 지켜드릴 수 있다."고 장담한다.* 수도권과 강원도 북부 지역을 제외한 거의 모든 지역이 방어 대상이 될 수 있다는 것이다. 물론 북한의 핵미사일이 사드의 사정권 '안'으로 들어오면 시도는 해볼 수 있다. 그러나 사드는 북한 미사일 방어에 '무용지물'이다. 왜 그럴까? 그 이유는 아주 간단하다.

---

* 참조 〈http://issue.korea.kr/mnd/thaad/〉

그 이유를 자세히 밝히기 전에 에피소드 하나를 소개하고자 한다. 나는 2016년 8월 초에 불교단체가 주최한 사드 찬반 토론회에 반대 측 발제자로 나선 바 있다. 이 자리에서 사드가 왜 북핵 방어에 무용지물인지 상세히 설명했다. 그런데 찬성 측 발제자의 반응이 놀라웠다. 그는 한미연합사에서 미사일작전을 담당했던 예비역 대령이었는데 뜻밖에도 내 발표 내용에 동의한다고 밝혔기 때문이다. 그런데 그가 제시한 대안도 놀라웠다. 1개 사드 포대로는 안 되니, 사드 포대를 추가로 도입하고 전방 방어를 위해서 패트리엇도 증강해야 하며 후방 방어를 위해서는 이지스탄도미사일방어체제(ABMD)도 도입해야 한다는 것이었기 때문이다. 미국의 군산복합체가 들으면 반색할 얘기가 아닐 수 없다.

사드로 대한민국의 절반 이상을 지킬 수 있다는 국방부의 주장은 1차원적이고도 단세포적인 것이다. 국방부는 사드의 최대 사거리가 200km라는 점에 기초해 성주 사드 기지를 중심으로 반경 200km의 지역을 모두 방어권으로 묘사하고 있다. 평면 그림을 보면 속기 쉽지만 측면 그림을 떠올리면 그 한계가 명확히 드러난다. 평면 그림에선 북한의 탄도미사일 비행 고도와 관계없이 200km 반경 안에 들어오면 요격할 수 있을 것처럼 착시현상을 불러온다. 그런데 측면 그림으로 보면 북한의 탄도미사일 비행고도가 대단히 중요해진다. 사드의 최저 요격고도는 40km이고* 최고 요격고도는 150km이다.

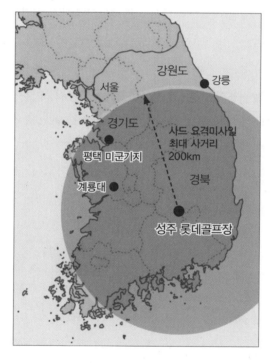

〈그림 3 : 사드의 요격 평면도〉

---

* 사드의 최저 요격고도가 40km인 이유는 이 이하에선 공기 밀도가 높아 바깥 공기와 탐색기 창의 마찰열이 잡음 구실을 해 탐색기가 잘 작동하지 않기 때문이다.

이 사이로 북한의 탄도미사일이 날아오면 요격 시도를 해볼 수 있지만, 40km 밑으로 날아오거나 150km를 넘어가버리면 상황은 달라진다. 더구나 이게 어려운 것도 아니다. 북한은 현재 보유하고 있는 미사일만으로도 사드를 피해갈 수 있기 때문이다. 이것만 머릿속에 담아둬도 사드의 한계를 어렵지 않게 알 수 있다.

주요 방어거점을 중심으로 사드가 왜 무용지물인지를 살펴보자. 한반도 유사시 우선적인 방어 권역은 크게 네 곳으로 나

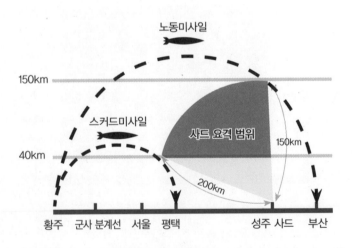

〈그림 4 : 사드의 요격 측면도〉

뉘볼 수 있다. 대한민국의 심장부인 수도권, 가장 중요한 주한 미군 기지인 캠프 험프리와 오산공군기지가 있는 평택권, 주한 미군의 병참 허브인 왜관 및 사드 기지 후보지인 성주가 있는 대구·경북권, 그리고 핵발전소와 국가 기간산업이 집중되어 있고 미군의 증원전력이 전개되는 부산·경남권 등이다.

먼저 성주에서 약 160km 떨어져 있는 평택권을 살펴보자. 국방부는 물론이고 대다수 언론은 사드 요격미사일의 사거리가 200km라는 점을 들어 평택권이 방어 대상이라고 보도한다. 그런데 말도 안 되는 주장이다.

그 이유는 아주 간단하다. 북한의 탄도미사일이 사드의 최저 요격고도인 40km로 하강하는 위치는 평택권이 아니라 휴전선 부근이고, 이로 인해 북한 미사일의 평택권 진입 시에는 사드의 최저 요격고도인 40km에 훨씬 못 미치게 된다. 북한의 단거리 탄도미사일이 집중 배치된 항해북도 황주에서 평택권까지의 거리는 약 300km이다. 유사시 북한이 황주에서 평택으로 사거리 300km의 미사일을 발사하면 최고 비행고도는 사거리의 4분의 1인 75km 정도 된다. 그런데 75km 고도는 휴전선 이북에서 도달하고 이 이후로는 고도가 지속적으로 낮아

져 고도 40km는 휴전선에서 인천 사이에서 형성된다. 사드의 사정권 '밖'이다 이에 따라 사드 요격미사일은 평택으로 날아오는 북한의 탄도미사일을 '이론적'으로도 잡을 수 없다.

　다음으로 사드의 최우선 방어 지역으로 거론되고 있는 부산·경남권의 방어적 실효성에 대해 살펴보자. 대규모 산업단지와 원자력 발전소, 그리고 유사시 미군의 증원전력이 들어오는 부산·경남권은 북한의 미사일공격으로부터 보호해야 할 주요 시설들이 몰려 있다. 국방부도 이 점을 강조하고 있다. 일단 북한의 탄도미사일이 사드의 요격범위인 고도 40~150km 사이로 통과할 때에는 '이론적'으로 요격대상이 될 수 있다. 하지만 북한은 사드를 회피할 수 있는 '실질적인' 방법을 보유하고 있다. 노동이나 무수단미사일을 사드의 최대 요격고도인 150km 위로 지나가도록 발사하면 되기 때문이다.

　가령 북한이 유사시 황주에서 노동미사일을 부산·경남권을 향해 발사한다고 가정해보자. 두 지역 간의 거리는 약 500km이다. 북한이 이 사거리로 노동미사일을 발사하면 최고 비행고도는 노동미사일의 최대 사거리인 1300km의 4분의 1인 325km에 달한다. 연료를 완충하고 고각으로 발사하면

600km 안팎에도 다다를 수 있다. 무수단미사일은 더 높이 날아간다. 북한이 2016년 6월 22일 원산에서 시험발사한 무수단(북한명은 화성-10호)은 고도 1000km 이상까지 치솟아 400km를 비행했다. 사드의 주된 요격 대상이라는 노동과 무수단이 성주 인근 상공을 사드의 최대 요격고도인 150km 이상으로 비행할 수 있는 셈이다.

이 경우 사드로 무수단은 물론이고 노동미사일조차도 요격할 수 없는 이유는 자명해진다. 사드 전방 사정권에서는 150km 이상으로 비행하기 때문에 잡을 수 없다. 북한의 미사일이 사드 기지를 넘어가 떨어질 때 요격을 시도할 수 있지 않느냐고 반문할 수 있다. 그런데 이것도 불가능하다. 먼저 북한의 탄도미사일이 사드 기지를 넘어가면 전방을 주시하고 있는 X-밴드레이더의 탐지 범위에서 사라지게 된다. 미사일 요격에서 가장 중요한 미사일 탐지·추적 정보를 발사 시스템에 제공할 수 없게 되는 셈이다. 이뿐만이 아니다. 사드의 요격미사일은 성주 상공을 지나 부산·경남권으로 향하는 북한의 탄도미사일의 속도를 따라잡는 게 불가능하다. 사드 요격미사일의 최대 속도는 초속 2.8km인 반면에, 낙하하는 북한의 노동이나 무수단미사일의 탄두 속도는 이와 비슷하거나 더 빠르기 때문이다. 더구나 달아나는 미사일을 쫓아가서 요격하는 방식은 운동에너지를 이용하는 미사일 요격원리와도 맞지 않다.

성주의 사드 기지조차도 북한의 미사일 공격에 취약하다는 점도 간과할 수 없는 문제이다. 북한이 스커드미사일의 발사 각도를 낮게 조정하면 충분히 사드를 뚫을 수 있기 때문이다. 황주에서 성주까지의 거리는 약 360km이고 사드의 최저 요격고도는 40km이다. 그런데 스커드는 사드 요격권 진입 시 40km보다 훨씬 아래로 비행할 수 있다. 이렇게 되면 사드는 '등잔 밑이 어두운 무기'가 되고 만다.

이에 대해 국방부는 저고도로 성주 사드 기지로 날아오는 스커드는 패트리엇으로 대응할 수 있다고 주장한다. 그런데 문제가 있다. 탄도미사일 요격용인 패트리엇-3은 방어 반경이 2~4km에 불과한 '지점 방어(point defense)' 시스템이라는 것이다.* 이에 따라 성주에 사드를 배치하고 사드 기지를 방어하기 위해 패트리엇을 배치하려면, 이것도 성주나 바로 인근에 배치해야 한다. '성주의 군사화'가 불가피해질 수 있다는 것이다.

---

* 황일도, 〈이명박 정부 MD(미사일방어체제) 참여 구상 정밀분석〉, 신동아, 2008년 2월호.

이러한 문제점은 국방부가 내놓은 수도권 방어대책에서도 그대로 드러난다. 성주에 사드를 배치하기로 함으로써 이보다 200km 이상 떨어진 수도권 방어가 취약해졌다는 비판이 쏟아지고 있다. 그러자 국방부는 "현재 수도권에 위협이 되는 북한의 탄도미사일은 주로 스커드 계열로서, 수도권 북방 100~200km 지역에 배치되어" 있고, "이 지역에서 수도권 공격 시 북한의 스커드 미사일은 비행고도가 낮고 비행시간이 짧아서 사드보다 패트리엇미사일이 가장 적합한 대응수단"이라고 주장했다. 그러면서 패트리엇 증강 계획을 밝혔다. 그런데 앞에서 설명한 것처럼 탄도미사일 요격용 패트리엇-3의 방어 반경은 2~4km에 불과하다.* 이에 따라 청와대를 방어하려면 청와대 경내나 그 인근, 국회를 방어하려면 국회 인근에 배치해야 한다. 또한 수도권의 면적이 1만km²가 넘기 때문에 수도권 전체를 방어하려면 수백 개의 패트리엇 시스템이 갖춰져야만 한다. 이는 국가 예산 전체를 투입해도 구매할 수 없는 분량이다.

---

* 이와 관련해 국방부 대변인을 지낸 김민석 중앙일보 논설위원은 2016년 9월 20일에 열린 정의당 주최 토론회에서 필자의 분석에 대해 패트리엇의 요격 반경이 15~20km라고 반박했다. 하지만 미국의 자료를 확인해본 결과 요격 반경에 대한 정확한 수치는 발견할 수 없었고, 다만 패트리엇 미사일의 사거리가 15~20km로 나와 있었다. 그런데 탄도미사일의 탄두는 종말 하층 단계에서는 거의 수직에 가깝게 떨어지기 때문에 패트리엇의 요격 반경은 2~4km 정도라고 파악하는 데에는 무리가 없다고 할 수 있다.

수도권 전체가 아니라 주요 거점만 방어하면 된다는 반론이 나올 수 있다. 하지만 인구 밀집 지역이자 수많은 건물과 시설들이 몰려 있는 수도권에서 주요 거점을 목록화하는 것 자체가 난제이다. 또한 주요 방어거점을 20곳으로 정한다고 해도 기지 부지를 확보하는 것도 쉽지 않다. 아울러 20개의 패트리엇 포대 구매 비용만도 10조원 안팎에 달한다. 운영유지비를 포함하면 그 비용은 40조원에 이른다.

또한 북한은 유사시 스커드미사일 발사에 앞서 장사정포나 방사포로 패트리엇을 공격해 무력화시킨 다음에 미사일 발사를 시도할 수도 있다. 아울러 북한이 수도권을 향해 고각으로 미사일을 발사하면 저고도 방어체계제인 패트리엇은 무용지물이 되고 만다. 이와 관련해 한민구 국방부 장관은 국회 긴급현안질의에서 "북한이 무수단·노동미사일을 고각으로 발사해 서울을 공격할 가능성이 있는가?"라는 질문에 대해 "북한이 제정신을 갖고 있다면 무수단미사일을 고각으로 발사할 이유는 전혀 없다."고 답했다.[*] 사드 배치를 추진할 때에는 북한의 고각 미사일 발사에 대비가 필요하다고 해놓고선 수도권 방

* 〈연합뉴스〉, 2016년 7월 20일.

어대책이 마땅치 않자 북한의 이성을 믿는다는 황당한 답변을
내놓은 것이다.

　국방부의 황당한 입장은 여기에서 그치지 않는다. 국방부
는 사드 배치가 필요하다고 주장할 때에는 북한의 고각 발사
에 대비해야 한다고 말했었다. 그러나 고각 발사 시 사드가 무
용지물이 될 수 있다는 지적이 나오자 이는 비현실적인 가정
이라고 '말 바꾸기'를 하고 있다. 이와 관련해 〈중앙일보〉는 군
관계자를 인용해 "북한이 고각高角 발사를 하면 사드로 요격
하기가 매우 힘들다는 지적이 나온다. 그러나 고각 발사는 매
우 극단적인 방식"이라고 보도했다. 그런데 이 기사를 쓴 김민
석 기자는 국방부 대변인으로 재직 당시 북한의 고각 발사 가
능성에 대비해 사드 배치가 필요하다고 주장한 인물이다. 그는
2014년 6월 브리핑에서 3개월 전에 있었던 북한의 노동미사일
시험발사는 "사거리를 단축해서 쏜 것"이자 "고도가 160km
이상 올라갔고 최고속도가 마하 7 이상이었다."며 이럴 경우
패트리엇으로 "요격하기 쉽지 않다."고 주장했다. 그러면서 "주
한미군이 자체적으로 사드를 한국에 배치하는 것은 우리 안보
에 도움은 된다."고 말했던 것이다.

국방부와 이를 충실히 받아쓴 중앙일보의 '바뀐 말'에 따르면 사드는 북한의 무수단미사일을 상대할 수 없게 된다. 북한이 무수단의 발사 각도를 높이고 사거리를 단축시키면 사드의 최고 요격고도 150km를 훨씬 상회하기 때문이다. 그런데 국방부는 북한이 무수단을 시험발사할 때마다 사드의 필요성을 강조했었다. 지금 현재 국방부 홈페이지에서도 무수단을 사드의 주된 타깃으로 언급해놓고 있다.

9. 그래도 없는 것보다는 낫지 않은가?

"그래도 없는 것보다는 낫다(It's better than nothing)." 도널드 럼스펠드 국방장관이 2004년 10월 1일에 한 말이다. 당시 부시 행정부가 알래스카와 미국 서부에 MD 배치 결정을 내렸고 미국 언론과 야당이었던 민주당은 "왜 시험평가도 끝나지 않은 MD를 배치하려고 하느냐?"고 반발했다. 그러자 내놓은 답이 "없는 것보다 낫다."는 것이었다. 사드 문제와 관련해서 국내에서도 비슷한 주장을 하는 사람들이 있다. 사드가 완벽하지는 않더라도 가공할 북핵 위협을 고려할 때 없는 것보다는 낫지 않겠느냐는 것이다.

나는 앞선 글에서 왜 사드가 한국 방어에 무용지물인지를 설명했다. 북한 미사일이 사드 최저 요격고도인 40km 밑으로 날아와도, 최고 요격고도인 150km 위로 넘어가도 막을 수 없다고 했다. 이는 사드 자체의 한계에서 비롯되었다기보다는 남북한이 휴전선을 맞대고 있고 종심도 짧다는 지리적 특성에서 기인한다. 그래도 북한의 미사일이 40~150km 사이로 날아올 수 있고, 그 밑으로 날아오는 건 패트리엇으로, 그 위로 넘어가는 건 이지스탄도미사일방어체제(ABMD)로 요격하면 되는 것 아니냐고 반문할 수 있다. 그런데 사드를 비롯한 MD 자체에도 한계가 있다. '없는 것보다 낫다'고 믿는 사람들이 꼭 알아야 할 문제점들이다.

먼저 사드를 비롯한 MD가 북한의 미사일 탄두를 맞추는 데에는 성공하더라도 탄두를 파괴하는 것은 다른 차원의 문제라는 것을 유념할 필요가 있다. 축구 경기를 보다보면 키커가 슛한 공이 골키퍼의 손에 맞고도 골망을 흔드는 장면을 간혹 보게 된다. 공이 빠르거나 회전이 심하면 이런 경우가 더 많이 발생한다. 미사일 요격의 한계 역시 이와 비슷한 맥락에서 이해할 수 있다. 사드를 비롯한 MD는 운동 에너지를 이용한 요격체(kill vehicle)가 낙하하는 탄두와 직접 충돌하는 방식을 채택하고 있다.

그런데 요격 대상인 탄두의 낙하속도는 초속 3km 안팎에 달하고, 탄피도 전체 중량의 50% 내외에 이를 정도로 두껍다.

또한 앞이 뾰족한 원뿔 모양이다. 게다가 떨어지면서 엄청나게 빠른 속도로 회전한다. 이에 따라 사드의 요격미사일이 탄두를 맞추더라도 낙하지점이 조금 바뀔 뿐 탄두가 파괴되지 않은 채로 떨어질 수 있다. 그런데 남북한 사이에는 바다나 사막이 없다. 휴전선 이남은 대부분이 인구 밀집 지역이다. 북한이나 중국과 동해를 사이에 두고 있는 일본이나 태평양을 사이에 두고 있는 미국과는 MD를 바라보는 우리의 시각이 달라져야 하는 까닭이다.

사드를 비롯한 MD가 기만탄에 취약하다는 주장도 주목할 필요가 있다. 세계적인 MD 전문가인 시어도어 포스톨 미국 매사추세츠공대(MIT) 교수는 사드가 "진짜 탄두와 가짜 탄두를 가려낼 능력이 없다."고 강조한다. "사드 요격체에 내장된 적외선탐색기는 기만탄에 쉽게 무력화"되기 때문이라는 것이다. 그는 "사드 요격체의 적외선탐색기는 표적과의 거리를 파악하지 못하고, 사드 레이더는 기만탄들이 진짜 탄두보다 100m 정도만 떨어져 있어도 표적의 정확한 방위각을 파악할 수 없다."고 말했다. 그는 아울러 "정점 고도에서 미사일 동체를 조각내 파편을 만드는 방식으로도 기만탄 효과를 볼 수 있다."고 분석했다.*

  이와 관련해 괌에서 사드 기지를 운용하는 미군 관계자는
한국 기자로부터 "북한의 미사일이 기만탄을 운용할 경우 사
드가 이를 가려낼 수 있느냐?"는 질문을 받은 바 있다. 그런데
미군 관계자는 "적의 위협에 어떻게 대응하는지 특정 사안까
지 들어가는 것은 제한돼 있다."며 답변을 피했다.** 또한 한국
국방부는 "스커드·노동 미사일은 기만체를 운용하지 않으며,
이들 미사일은 대기권에서 추진체 연소가 종료되고 탄두가 분
리돼 탄두와 추진체 등이 밀집 비행하지 않는다."고 주장했다.

  하지만 기만체를 운용하는 것은 기술적으로 간단하다. 큰
탄두 안에 진짜 탄두와 가짜 탄두를 섞어 운용하는 것은 어렵
더라도 추진체와 탄두 분리 직후 추진체를 자폭시키면 기만탄
의 효과를 볼 수 있기 때문이다. 실제로 북한은 2016년 2월 장
거리 로켓 발사 시 추진체 자폭 기술을 선보인 바 있다. 당시
한국 국방부는 "이지스 함 레이더로 1단 추진체의 폭파된 파

---

* 〈한겨레〉 2016년 10월 4일.
** 〈한겨레〉 2016년 7월 18일.

편이 270여개의 항적으로 나타났다."고 밝혔는데, 이는 탄두와 기만체에 대한 사드의 식별 능력과 관련해서도 중대한 함의를 지닌다. 공기가 희박한 고고도에선 탄두와 파편이 비슷한 속도로 하강하게 되는데, 이럴 경우 레이더와 요격미사일의 적위선 추적 장치가 뭐가 진짜인지 가려내는 게 사실상 불가능하기 때문이다.

서재정 일본 국제기독교대학교 교수는 사드가 무용지물인 이유를 다른 관점에서 제시한다. 북한이 "(한국) 국방부에서 원하는 대로 고각도로 미사일을 발사하여 사드 요격미사일이 정면으로 요격할 수 있는 '최상의 시나리오'에서도 사드는 실패할 수밖에 없다."는 것이다. "탄두에 작은 흠집만 있더라도 초음속으로 비행하면서 엄청난 와류가 발생하고, 그 때문에 탄두는 심하게 요동하거나 불규칙한 궤도를 비행하게 된다."는 점을 근거로 제시했다. "사드는 날아오는 미사일 탄두의 궤도를 예측하여 그 예측된 장소로 날아가서 탄두와 충돌, 파괴시키도록 설계되어" 있는 반면에, "요격 대상인 탄두가 완벽하지 않다면 사드는 그 궤도를 예측할 수도 없고 탄두를 파괴하는 것은 더더욱 어렵다."는 것이다.*

이처럼 사드를 비롯한 MD는 북한 미사일 방어에 결코 효과적인 무기체제가 아니다. 더구나 북한은 MD를 회피할 다양한 수단을 갖고 있다. 최근 주목을 끄는 것은 네 가지이다. 300mm 신형 방사포, 고체연료와 이동식 발사대를 사용하는 신형 지대지미사일 KN-02, 스커드와 노동미사일을 장착할 수 있는 이동식 발사대의 증가, 그리고 잠수함발사탄도미사일(SLBM) 등이다. 신형 방사포와 지대지미사일은 계룡대까지 사정거리에 두고 있으면서도 저고도로 날아오기 때문에 MD로 요격하는 것이 불가능하다. 또한 액체연료를 사용하고 고정식 발사대에서 발사된 미사일은 비교적 빠른 시간 내에 포착이 가능하지만, 고체연료를 사용하고 은폐가 용이한 이동식을 사용할 경우에는 조기 탐지가 그만큼 어려워진다. SLBM과 관련해서는 보수 언론조차 '사드가 무용지물이 될 것'이라고 말할 정도이다.

결론적으로 사드는 한국 방어에 무용지물이다. 미사일을 동

---

* 서재정, 사드 무용지물 만들기, 망치 하나면 끝!, 〈프레시안〉, 2016년 7월 22일.

원하는 전쟁은 근본적으로 공격자가 방어자보다 압도적으로 유리하고, 한반도는 종심이 짧아 사드와 패트리엇과 같은 MD 는 효과적인 방어수단이 될 수 없기 때문이다. 더구나 공격자 가 사드를 무력화할 수 있는 방법은 넘쳐난다. 하여 '사드는 없는 것보다 나은 것'이 아니라 '없는 게 더 낫다.' 북핵 방어에는 무용지물인 반면에 한국의 국익에는 백해무익하기 때문이다.

그 이유는 상식적으로도 간단히 설명할 수 있다. 남북한은 휴전선을 맞대고 있고 종심이 대단히 짧다. 이를 공 던지기에 비유하면 이렇다. 거리가 가까우면 낮게 던져도 목적지에 도달할 수 있고, 아예 높게 던져도 목적지에 떨어질 수 있다. 반면 거리가 멀면 일정 정도 높이 던져야 한다. 한국이 북한 및 중국과 동해와 남해를 사이에 둔 일본이나 태평양을 사이에 둔 미국과는 사드를 비롯한 MD에 다른 안목을 가져야 하는 까닭이다. 그럼 북한의 핵미사일 위협에 무방비로 살아야 하는 걸까? 결코 그렇지가 않다. 이에 대해서는 이 책의 마지막 부분에서 집중적으로 다뤘다.

10. 사드 배치가 북한을 이롭게 한다고?

한국에 사드가 배치되면 가장 좋아할 사람이 누구일까? 아마도 미국의 군수업체인 록히드마틴 회장이 가장 좋아할 것이고, 일본의 아베 신조 총리가 그 다음이 될 것이다. 사드를 만든 록히드마틴은 그 자체로도 좋은 일이겠지만, 판로를 크게 확대할 수 있다는 이점이 있다. 한미동맹의 사드 배치 결정 직후 일본도 사드 도입을 검토하고 있다. 또한 국내에서는 1개 사드로는 안 되니까 추가 구매해야 한다는 주장도 나온다. 이뿐만이 아니다. 수도권을 막기 위해 패트리엇도, SM-3도 도입해야 한다고 한다. 록히드마틴을 비롯한 미국 군수산업체에겐 '사드 대박'인 셈이다.

그렇다면 아베 신조가 왜 그 다음일까? 크게 두 가지 이유 때문이다. 하나는 사드가 일본 방어에 기여할 수 있기 때문이다. 사드 포대에 포함된 X-밴드레이더는 일본 이지스 함 및 패트리엇과도 연동될 수 있다. 일본이 사드를 도입하면 이것과도 연동된다. 더구나 한·미·일 군사정보보호약정에 이어 한일 군사정보보호협정까지 체결한 터다. 또 하나는 한미 양국의 사드 배치 결정으로 한중관계가 파탄 나고 있다는 점이다. 아베 신조는 "혹시 한국이 중국과 가까워지는 것 아니냐"고 속을 태웠었다. 그런데 사드 한방으로 답답한 속이 풀리려고 한다. 손 안 대고 코 푼 정도가 아니라 박근혜가 아베의 코를 풀어준 셈이다.

한중관계 악화는 일본 우익의 오랜 염원이었던 한일 군사협력과 한·미·일 삼각동맹으로 이어질 공산이 크다. 이는 외교안보 문제에 국한되지 않는다. 한국과 일본은 수출 및 관광 산업 등에서 경쟁 관계에 있다. 이에 따라 사드 배치 결정으로 인한 한국경제의 하락과 지정학적 리스크 부각은 일본 수출 및 관광 전략에 호재가 될 수 있다. 실제로 사드 배치 발표 이후 중국인의 한국 관광은 크게 줄었지만 일본 관광은 크게 늘었다. 일본이 한국의 사드 배치에 반색하는 이유이다.

그런데 사드 배치를 반길 또 한명의 인물이 있다. 바로 북한의 김정은 국무위원장이다. 앞서 설명한 것처럼, 북한은 사드를 회피할 다양한 투발 수단을 갖고 있다. 반면 사드 배치로 인해 한중관계와 미중관계는 일대 파란을 겪고 있다. 이는 북핵에 대한 국제공조의 균열을 키워 북한의 전략적 입지를 강화시켜주는 결과로 이어진다. 나는 이러한 점을 주목해 졸저《말과 칼》에서 이렇게 쓴 바 있다. 소설 속의 김정은은 한국의 사드 배치 발표 소식을 듣고 이렇게 지시한다.

"푸하하. 남조선 놈들 꼴좋게 되었군. 아예 쐐기를 박으라우. 스커드하고 노동미사일도 몇 발 싸줘. 그리고 잠수함에서도 한발 쏴줘."

그런데 이런 일이 실제로 벌어졌다. 북한은 사드 배치 발표 하루 만에 잠수함발사탄도미사일(SLBM)을 시험 발사했다. 사흘 후인 7월 11일에 인민군 총참모부 포병국 중대 경고를 통해 "사드가 배치될 위치와 장소가 확정되는 그 시각부터 이에 대한 물리적 대응 조치가 실행될 것"이라고 위협했다. 그리고 7월 19일에 황해북도 황주에서 동해를 향해 탄도미사일 3발을 발사했다. 이와 관련해 남한 합참은 "비행거리는 500~600km 내외로, 부산을 포함한 남한 전 지역을 목표로 타격할 수 있는 충분한 거리"라고 설명했다. 또한 사드 배치 결정에 대한 "북한의 반발 또는 무력시위"라고 덧붙였다.

북한은 다음날 "이번 발사훈련은 미제의 핵전쟁장비들이 투입되는 남조선 작전지대 안의 항구, 비행장들을 선제 타격하는 것으로 모의하여 사거리를 제한하고 진행하였으며 목표지역으로 설정된 고도에서 탄도로케트에 장착한 핵탄두 폭발 조종 장치의 동작 특성을 다시 한 번 검열하였다."고 발표했다. 여기서 '항구'는 부산항을, '비행장'은 김해공항을 의미한다. 실제로 북한이 공개한 사진을 보면 '화성포병부대'의 타격권에 이들 시설이 포함되어 있는 것을 확인할 수 있다.

부산항과 김해공항은 유사시 미국의 증원전력이 유입되는 핵심시설이다. 그래서 한미 양국은 사드 부지로 경주 성주를 발표하면서 이들 시설 방어가 핵심 목적이라고 밝혔다. 대다수 언론은 이 점을 집중적으로 부각시키면서 북한의 탄도미사일 시험발사 및 그 내용의 공개는 "북한이 사드 배치에 강력히 반발하는 것"이고 이에 따라 "사드 배치의 정당성을 거듭 확인시켜준다."는 보도를 쏟아냈다.

하지만 이건 단편적인 분석이라는 게 나의 생각이다. 오히려 북한의 '기만전술'이라는 해석도 가능하다. 기실 북한이 7월 20일 공개한 '전략군 화력 타격 계획'이라는 제목의 작전 지도는 군사기밀에 해당된다. 그런데 김정은이 직접 나서서, 그것도 부산항과 김해공항까지 타격 대상에 포함된다는 지도를 공개했다. 왜 그랬을까? 나는 북한이 사드 배치 결정에 쐐기를 박기 위해 미사일 발사에 나선 것이라고 본다. 이렇게 보는 데에는 크게 세 가지 이유가 있다.

첫째, 한국 내 사드 배치는 중국과 러시아의 반발을 초래해, 대북 압박과 제재에 균열을 가져올 수 있기 때문이다. 이 점은 많은 전문가들은 물론이고 윤병세 외교부장관도 우려한 부분이다. '경제건설과 핵무력건설 병진노선'을 천명한 김정은 체제로서는 경제적 활로를 모색하기 위해 최소한 중국과 러시아의 대북 제재를 이완시켜야 할 상황이다. 이러한 점에서 사드 배치는 북한에겐 '남는 장사'가 된다.

실제로 사드 배치 결정으로 인해 북핵 문제에 대한 국제 공조에 균열이 생긴 것만은 분명하다. 중국과 러시아는 7월 8일 한미 양국의 사드 배치 결정 발표 이후 이 문제를 북핵 문제 대처와 연계시켜왔다. 이와 관련해 중국 정부는 7월 21일 대북

결의 2270호 이행보고서를 제출하면서 "한반도 긴장을 악화시키는 행동을 삼가라."며 "사드의 한반도 배치를 반대한다."고 밝힌 바 있다. 또한 중국과 러시아는 북한의 5차 핵실험에 대응하기 위한 안보리 논의 과정에서도 "중국과 러시아는 미국의 사드 한국 배치에 단호하게 반대한다."는 입장을 거듭 밝혔다. 아울러 2016년 3월 유엔 안보리대북결의안 2270호 채택 이후 줄어들던 북중 간의 교역 규모도 사드 배치 발표 이후 빠르게 회복된 바 있다. 중국은 2321호 채택 직후에도 사드 배치는 안보리결의 정신에 위반된다는 입장을 분명히 밝혔다.

둘째, 더 중요한 이유가 있다. 사드 배치는 중국과 러시아가 북한의 핵무장을 사실상 용인하는 결과로 이어질 수 있다는 것이다. 여기서 '사실상의 용인'이란 공식적으로는 북한의 핵보유를 인정하지 않고 북핵 해결의 필요성을 강조하면서도 암묵적으로는 북한의 핵보유를 현실로 받아들이는 것을 의미한다.

강대국들은 세력균형을 대단히 중시한다. 그런데 사드 배치는 한·미·일이 미사일 방어체제(MD)를 고리로 삼아 사실상의 삼각동맹으로 가는 길을 활짝 열어주게 된다. 미국은 물론이고 일본이 사드 배치 결정을 반색하는 이유이다. 이렇게 되면 중국과 러시아로서는 대단히 불리한 처지에 몰리게 된다. 그리고 이를 만회하는 방법은 '전략적 완충지대'로서의 북한의 존재를 새롭게 바라보는 것이다. 북핵이 한·미·일 삼각동맹을 견제하는 역할을 해준다면, 중국과 러시아로서도 그리 나쁜 게임만은 아닌 셈이 되는 것이다. 실제로 이러한 분석과 전망은 중국과 러시아의 일부 언론 및 전문가들 사이에서도 나오고 있다.

이러한 해석은 중국과 러시아의 미국에 대한 전략적 불신과도 연결된다. 이들 나라는 오래 전부터 미국이 북한과의 대화는 꺼려하면서 북핵 위협을 사드 배치를 비롯한 군사력 강화와 한·미·일 삼각동맹 구축의 빌미로 삼고 있다고 의심해왔다. 2016년 7월 초에 나온 두 가지 조치, 즉 미국이 김정은을 '제재 대상'에 포함시키고, 한미 양국이 사드 배치를 발표한 건 이러한 의구심을 더욱 증폭시켰다. 더구나 북한은 미국의 이러한 조치 발표 직전에 3년 만에 '한반도 비핵화'를 입에 올리면서 협상 가능성을 시사했었다. 이에 대한 미국의 답변이 김정은 제재와 사드 배치로 나왔으니 중국과 러시아의 대미 불신이 격화되고 있는 것도 무리가 아니다. 결국 미국이 북핵 '해결'에는 관심이 없고 '이용'에만 관심이 있다면, 중국과 러시아로서도 전략적 계산을 달리할 가능성이 높아진다. 미국이 협상에 손 놓고 있으면 북핵은 더더욱 기정사실이 될 수밖에 없다. 그렇다면 중국과 러시아도 북핵 '이용' 쪽으로 이동할 것이다. 이용의 핵심은 전략적 동맹으로 가고 있는 한·미·일에 대한 견제 수단으로써 북핵을 바라보는 것이다.

셋째, 사드 배치는 한중, 미중, 미러 간의 갈등을 증폭시키면서 북한의 생존 공간 및 전략적 입지를 넓혀주는 측면이 있다. 북한은 전통적으로 강대국 간의 갈등 관계를 자신의 이익을 극대화하는 데 이용해왔다. 1960년대 중소 분쟁이 대표적이다. 사드 국면도 마찬가지 맥락에서 이해할 수 있다. 북핵을 잡겠다고 사드를 들여오는 순간, "중국 지도부는 북한 문제를 그 자체로만 다루지 않고 점증하는 미국과의 지역적 경쟁의 맥락에서 다루려고 할 것"이기 때문이다.* 이렇게 되면 한국, 미국, 중국, 러시아 등이 유지해온 북핵 해결이라는 공동의 목표는 희미해지고 경쟁은 치열해진다. 이는 곧 북한에게 이전보다 유리한 국제 환경이 조성된다는 것을 의미한다.

---

* http://www.brookings.edu/research/dealing-with-a-nuclear-armed-north-korea/

실제로 사드 배치 결정 이후 북한의 행보는 더 대담해졌고, 국제사회의 대응은 주춤했다. 북한은 스커드, 노동, 무수단 등 지대지탄도미사일뿐만 아니라 SLBM 시험발사에도 박차를 가했다. 급기야 2016년 9월 9일에는 5차 핵실험까지 강행했다. 이는 4차 핵실험 이후 불과 8개월 만의 일로써, 이전에 3~4년 주기로 이뤄져왔던 핵실험과 비교할 때 훨씬 빨라진 것이다. 이에 대한 국제사회의 대응은 안보리결의가 82일 만에 채택되었을 정도로 더디게 진행되었다. 그리고 앞서 언급한 것처럼 중국은 안보리결의 이행을 사드 문제와 연계시키는 태도를 보이고 있다. 요약컨대, 북한은 사드 논란을 이용해 자신의 핵과 미사일 능력을 강화시키는 기회로 이용해온 셈이다. 이는 한국 안보에 더욱 부담스러운 일이다.

이처럼 사드 배치의 최대 수혜자 가운데 하나는 북한이다. 반면 남한은 최대 피해자가 되고 있다. 이러한 엇갈림의 잠재적인 결과는 무엇일까? 졸저 《말과 칼》에 담은 대목 하나를 소개하는 것으로 이에 대한 답을 대신하고자 한다. 김정은 노동당 위원장의 말이다.

"휴, 내가 일전에 말한 것처럼 제도(체제) 경쟁은 이제부터야.

남조선 경제는 저렇게 엉망이지, 젊은이들은 무슨 헬조선이니 흙수저니 하고 있지. 난 처음에 남조선 애들이 헬조선이니 뭐니 해서 우리 공화국을 모독하는 얘긴 줄 알았어. 근데 그게 아니더라고. 남조선은 저렇게 꼴아 박고 있고 우리는 다시 일어서고 있으니 이제 한 번 해볼 만한 거 아냐."

11. 사드 배치가 전쟁 위험을 높인다고?

한국 안보의 최후의 보루는 '전쟁 방지'에 있다. 세계 최대의 군사적 밀집지이자 핵 시대에 접어든 한반도에서의 전쟁은 승전의 의미마저도 무색하게 만들 것이기 때문이다. 그런데 사드 배치는 전쟁 위험성을 높이는 측면이 있다.

'방어용'이라는 사드를 비롯한 MD의 위험성은 그 자체만 봐서는 잘 보이지 않는다. 군사전략 전체의 관점에서 바라봐야 한다. 이와 관련해 탈냉전 이후 미국의 전쟁 수행 방식을 주목할 필요가 있다. 미국이 1991년 1차 걸프전 당시 가장 먼저 취한 조치 가운데 하나가 바로 패트리엇 배치였다. 이는 2003년 2차 걸프전 때에도 마찬가지였다. 2007년 미국 내 일각과 이스라엘이 이란에 대한 군사 옵션을 검토하면서 취한 조치 역시 중동 MD 강화였다. 미국이 탄도미사일을 보유한 어떤 나라를 공격하거나 검토하면서 취하는 조치가 바로 MD 배치인 것이다.

한반도에서도 비슷한 흐름이 있었다. 94년 전쟁 위기 당시 미국은 북폭을 검토하면서 패트리엇 배치에 돌입했다. 그러자 북한은 미국에게 "우리는 이라크와는 다르다."며 미국의 증원 전력이 도착하기 전에 선제공격을 가할 수 있다고 위협했다.* 그 해 판문점에서 열린 남북대화에서는 '서울 불바다' 발언이 나왔다. 2003년 위기 때에도 비슷한 흐름이 있었다. 북한에 대한 선제공격 독트린을 채택한 부시 행정부는 패트리엇 신형 PAC-3을 한국 서부에 대거 배치했다. 그러자 북한은 "선제공격 권리는 미국에만 있는 것이 아니다."라고 반발했다. 다행히 전쟁이 일어나지 않았지만, 위기 도래시 MD가 위기관리를 어렵게 한다는 점을 잘 보여주는 대목들이다.

이러한 양상은 최근에도, 그리고 상황 악화 시 앞으로도 더욱 위험한 형태로 나타날 수 있다. 2016년 9월 9일 북한의 5차 핵실험과 장거리로켓 신형 엔진 실험 이후 미국 내에서 대북 선제공격론이 거론되었다. 이에 박근혜 정부도 강경 입장을 밝

---

* http://www2.gwu.edu/~nsarchiv/NSAEBB/NSAEBB421/

했다. 미국에서 제기되는 선제공격론에 외교부 대변인은 "정부 차원에서 코멘트를 하는 것은 적절하지 않다."고 했다. 심지어 국방부 대변인은 "북한이 핵무기를 사용할 임박한 징후가 있을 경우엔 자위권 차원에서 선제타격을 할 수 있다."고 했다.

이러한 선제공격론은 사드 배치 추진과 연관시켜 바라볼 필요가 있다. 한미 양국은 사드가 오로지 대북 방어용이라는 점을 강조해왔다. 그런데 동시에 대북 선제공격도 운운한다. 이것이 의미하는 바는 엄중하다. 유사시 대북 선제공격을 통해 북핵 일부를 파괴하고 파괴되지 않은 채 날아오는 북핵은 사드와 같은 MD로 요격한다는 군사전략의 속살을 보여주기 때문이다.

이처럼 북핵과 사드가 동반성장하면서 선제공격론이 휴전선을 오가면, '코리아 아마겟돈'의 위험성도 그만큼 높아지게된다. 대북 선제공격론이 거론되는 상황에서 사드 배치가 강행되면 북한은 한미 양국의 선제공격이 임박했다며 군사적 긴장을 최고조로 끌어올릴 것이다. 가장 우려되는 현실적인 시나리오는 북한이 핵미사일을 '경보 즉시 발사(launch on warning)' 상태로 만드는 것이다. "잃기 전에 쏜다."는 핵 교리에 따라서 말이다. 이에 맞서 한미 양국도 신속한 선제공격 태세를 갖추려고 할 것이다. 그 결과는 상시적인 핵전쟁의 두려움이 될 것이다.

태평양 건너에 있는 거대국가 미국으로서는 한반도 전쟁을 정치의 연장으로 생각할 수 있다. 특히 북한이 미국 본토를 타격할 수 있는 핵탄두를 장착한 대륙간탄도미사일(ICBM) 실전 배치가 다가올수록 '코리아 엔드 게임'을 떠올리게 될 것이다. 하지만 휴전선을 맞대고 있는 한국의 운명은 미국의 그것과 본질적으로 다르다. 미국 본토에는 화염이 없거나 극히 제한적이겠지만, 한국은 곳곳이 화염에 휩싸이고 말 것이기 때문이다. '거대한 버섯구름'이 피어오를 가능성을 수반하면서 말이다.

3부

백해무익과 설상가상

박근혜 정부와 보수 정당 및 언론은 사드 배치를 '자위적 조치'라고 말한다. 하지만 이건 백해무익한 '자해적 조치'이다. 그래도 '일익一益'을 찾자면 한미동맹 '강화' 효과를 들 수 있을 것이다. 하지만 한미동맹 강화가 반드시 안보를 포함한 한국의 국익에 부합하는 것도 아니다. 군사동맹은 근본적으로 '공동의 적'을 존재 이유로 삼고 있기 때문에, 한미동맹 강화는 한반도 평화정착과 한중관계 발전에 걸림돌이 될 수 있다. 미국에서는 신고립주의 분위기가 강해지는 것 역시 간과할 수 없는 문제이다.

당장 발등에 떨어진 불은 한중관계이다. 중국과의 관계가 파탄나면서 경제적·외교적·안보적 리스크가 커지고 있다. 러시아와의 관계도 불편해지고 있다. 사드로 북핵이라는 혹을 떼려다 그 혹은 더 커지고 이보다 더 큰 혹을 여러 개 달게 될 가능성이 높아진 것이다.

12. 사드는 MD 편입과 무관한가?

한국 내 사드 배치와 관련하여 반드시 규명해야 할 문제 가운데 하나가 바로 미국이 주도하는 MD와의 연관성 여부이다. 기실 한국의 MD 참여 내지 편입 문제는 오랜 논란거리이다. 동맹국인 미국은 지속적으로 한국의 참여를 요구해왔고, 군사적 실효성과 더불어 외교적 파장을 의식한 한국은 거리를 두려고 했었기 때문이다. 그런데 사드 배치 결정으로 그 빗장이 풀리고 말았다. 국방부는 한사코 부인하고 있지만, 사드 배치는 MD 편입으로 가는 '돌아올 수 없는 다리'가 될 공산이 크다.

이와 관련해 국방부는 사드 배치는 "미국의 MD체제 참여와는 무관하다."며, MD 참여(편입) 기준으로 "국가 수준의 양해각서(MOU) 체결, 지휘통제체제 통합, 요격체제 공동개발" 등 세 가지를 밝혔다. 그러면서 한국은 "(이를) 추진할 계획이 없고 한미 탄도탄 작전통제소간 실시간 정보공유 등 북한의 핵·미사

일 위협에 국한된 낮은 수준의 협력을 추진하고 있다."고 주장
했다.* 한민구 국방 장관 역시 "사드 체제는 한국의 방어를 위
한 미사일 체제로, 미국의 MD 체제와 정보공유를 하지 않도
록 돼 있다"고 주장했다. 그러면서 한미 간의 정보공유는 "연합
작전을 위해 연동하는 것이지, MD에 참여한다고 하는 것은 굉
장한 비약"이라고 덧붙였다.**

그런데 국방부가 밝힌 미국 MD 참여(편입) 기준 자체가 대단
히 자의적이다. 우선 미국 정부 스스로 한국을 대표적인 MD
협력 국가의 하나로 분류한다. 국방부가 언급해온 기준 자체도
오락가락하고 있다. 2013년 5월 박근혜와 오바마의 한미정상
회담에서 MD 문제가 주요 의제로 다뤄지면서 한국의 MD 편
입 논란이 제기된 바 있다. 당시 국방부는 미국의 MD 참여 기
준으로 ▲지상기반요격미사일(GBI) 기지 제공 ▲X-밴드레이
더 설치 ▲MD 공동연구 비용 지불 등을 꼽았다. 그러면서 한
국은 "이들 세 가지 가운데 단 하나도 해당되지 않기 때문에
한국이 미국 MD에 참여하거나 편입되고 있다는 주장은 근거

---

* 참조 〈http://issue.korea.kr/mnd/thaad/〉
** 〈중앙일보〉, 2016년 7월 21일.

가 없다."고 해명했었다.*

　그런데 이들 세 가지는 2016년 7월 국방부가 밝힌 세 가지 기준, 즉 ▲국가 수준의 MOU 체결 ▲지휘통제체제 통합 ▲요격체제 공동개발과 상당한 차이가 있다. 박근혜 정부 하에서도 MD 참여(편입) 기준이 자의적으로 정해지고 있다는 것을 여실히 보여주는 대목이다. 박근혜 정부가 이처럼 기준을 바꾼 데에는 이전 기준으로 하면 한국의 사드 배치가 미국 MD로 편입된다는 것을 자인하는 꼴이 되기 때문이다. 이전 기준에는 X-밴드레이더 설치가 MD 참여의 기준 가운데 하나로 명시했는데, 사드 배치 시 함께 들어오는 AN/TPY-2레이더가 바로 지상 배치형 X-밴드레이더인 것이다.**

　한국 내 사드 배치와 한국의 미국 주도의 MD 편입 사이의 상관관계를 따져보기 위해서는 사드의 다른 MD 시스템과의 연관성, 특히 X-밴드레이더의 용도를 면밀히 살펴봐야 한다.

---

* 〈연합뉴스〉, 2013년 5월 8일.

** 참고로 GBI는 대륙간탄도미사일(ICBM) 요격미사일에 해당하는 것으로 현재 미국 본토를 제외한 다른 나라에 배치된 사례 자체가 없기 때문에, GBI 기지 제공 여부를 MD 참여 기준으로 설정한 것 자체가 '난센스'라고 할 수 있다. 아울러 확인된 바에 따르면, 한국은 이명박 정부 때부터 미국과 MD 공동연구를 진행해왔다.

국방부의 주장처럼 X-밴드레이더가 오로지 사드 포대의 일환으로만 이용된다면, 다른 MD 시스템과의 연관성은 상대적으로 떨어지게 된다. 하지만 미국 측 문서를 확인해보면, X-밴드레이더가 '다용도'라는 것을 확인할 수 있다.

국방부 주장의 핵심적인 근거는 성주 사드 기지에 배치될 레이더가 '종말 모드(Terminal Mode)'라는 점이었다. 종말 모드로 운용하면 탐지 거리가 600~900km 정도에 불과하기 때문에 중국의 탄도미사일 발사를 탐지할 수 없고, 또한 레이더 운용이 사드에만 국한된다는 것이다. 이에 반해 '전진 배치 모드(Forward Base Mode)'는 사드는 물론이고 다른 MD 시스템과도 연동되어 있다. 박근혜 정부의 설명은 종말 모드와 전진 배치 모드의 '분리'를 전제로 한 것이다.

실제로 2010년대 초반까지는 두 모드가 분리되어 있었다. 2012년 4월 16일에 작성된 미국 육군부 문서에는 X-밴드레이더에 대한 상세한 내용이 담겨 있다.* 이 문서에 따르면 "전방

---

* Headquarters Department of the Army, AN/TPY-2 FORWARD BASED MODE (FBM) RADAR OPERATION, April 16, 2012, 〈http://lts-wiki.com/Publications/ATP%203_27x5.pdf〉.

배치 모드는 미사일 발사를 탐지·추적해 사령관에게 전략미사일과 전역미사일 경보 정보를 제공한다." 여기서 전략미사일은 주로 미국 본토로 향하는 대륙간탄도미사일(ICBM)을 의미하고, 전역미사일은 해외 주둔 미군 및 미국 동맹으로 향하는 중단거리탄도미사일을 의미한다. 전진 배치 모드가 수집한 정보는 "지상기반중간단계방어체제(GMD), 이지스탄도미사일방어체제(ABMD), 패트리엇과 사드 시스템에 실시간으로 표적 정보를 제공한다." 여기서 미국 본토에 배치된 GMD는 주로 ICBM 요격용이고, ABMD는 전략 및 전역미사일 모두를 겨냥한 것이며, 패트리엇과 사드는 지역 MD 체제이다.

아울러 이 문서는 "FBM와 TM은 동일한 하드웨어를 사용하고 있지만, 통제 소프트웨어, 작전 논리, 통신장비는 다르다"고 설명했다. 상기한 것처럼 전진배치모드(FBM)는 사드뿐만 아니라 다른 MD용 요격 체제에도 사용되는 반면에, 종말모드(TM)는 주로 사드용 레이더로 이용된다는 차이에서 비롯된 것이다. 이 문서에 따르면 한국 국방부의 설명에는 일리가 있는 셈이 된다.

그러나 미국의 최근 문서에 따르면, 두 개의 모드 사이의 경계가 갈수록 흐릿해지고 있다는 것을 확인할 수 있다. 회계연도 2017년 미국 대통령 예산 추계 가운데 미사일방어국(MDA) 관련 부분에는 "전체 AN/TPY-2레이더(전진 배치 모드와 종말 모드)를 공통의 안전 하드웨어와 소프트웨어 구성으로 업그레이드하고 있다."고 명시되어 있다.*

이 문서에 따르면 이러한 업그레이드 작업은 2015년에 시작되어 2017년에도 지속될 예정이다. 여기서 중요한 부분은 업그레이드 대상이 '전체 AN/TPY-2레이더'라는 점이다. 이는 한국에 배치될 예정인 레이더에도 동일하게 적용된다는 것을 의미한다. 더 중요한 부분은 두 모드의 레이더를 "공통의 안전 하드웨어와 소프트웨어 구성으로 업그레이드하고 있다."는 것이다. 이렇게 되면 X-밴드레이더는 사실상 전진 배치 모드와 종말 모드로의 '겸용'이 가능해진다. 그만큼 X-밴드레이더가 빠르게 진화하고 있다는 것이다.

---

* Department of Defense, Fiscal Year (FY) 2017 President's Budget Submission, February 2016, ⟨http://comptroller.defense.gov/Portals/45/Documents/defbudget/FY2017/budget_justification/pdfs/03_RDT_and_E/MDA_RDTE_MasterJustificationBook_Missile_Defense_Agency_PB_2017_1.pdf⟩.

가령 2011년에 작성된 'MDA 2012년 예산 추계' 문서에는 X-밴드레이더의 "두 모드는 8시간 안에 전환될 수 있다."고 나와 있다. 8시간이 걸리는 핵심적인 이유는 두 모드의 소프트웨어가 달랐기 때문이다. 그런데 2015년부터 '공통의 소프트웨어 구성'으로 업그레이드 작업을 진행함에 따라 이 작업이 완료되면 모드 전환은 훨씬 신속하게 이뤄지거나 즉각적인 겸용이 가능해질 수 있다. 이러한 해석을 강력히 뒷받침해주는 내용도 있다. 2016년 2월에 작성된 MDA의 2017년 예산 추계에는 아래와 같은 내용이 담겨 있다.[*]

"특수화된 통신 및 레이더 소프트웨어의 제공에 힘입어, 사드 포대는 탄도미사일방어 시스템의 지휘통제전투관리통신(C2BMC) 시스템과의 직접 통신이 가능할 수 있게 될 것이다. 이로 인해 사드 포대는 통상적인 적극 방어용 교전 임무뿐만 아니라 (탄도미사일의) 탐지 및 추적 기능도 수행할 수 있다."

이 부분에서 언급된 '사드 포대'에는 X-밴드레이더가 포함된다. 그러나 사드 포대 자체에는 '지휘통제전투관리통신

---

[*] 위와 같은 출처.

(C2BMC)'이 없다. 그런데 X-밴드레이더와 C2BMC 사이에 "직접 통신이 가능할 수 있게 될 것"이라고 했다. 이와 관련해 글로벌 MD 네트워크의 '뇌'에 해당하는 C2BMC를 살펴볼 필요가 있다. C2BMC를 '뇌'에 비유한다면, 위성과 레이더 등 센서는 '눈'에, 요격미사일은 '주먹'에 비유될 수 있다. C2BMC는 우주 및 세계 각지에 배치된 위성과 레이더 등 센서, 사드, 스탠더드미사일(SM-3), 미국 본토방어용인 지상기반요격미사일(GBI) 등 요격미사일을 통합해 운용하는 핵심시설이다. 각지에서 송신된 탄도미사일 발사 정보를 분석해 요격 임무를 세우고, 요격성공 여부를 판단하며, 추가적인 요격 임무를 할당하는 등의 임무를 수행하는 것이다. 미국은 현재 전략사령부, 북부사령부, 유럽사령부, 태평양사령부, 중부사령부 등 주요 사령부에 이 시스템을 두루 배치해놓고 있다.

그런데 사드 포대가 C2BMC와 '직접 통신'이 가능해진다는 것은 무엇을 의미할까? 그건 바로 성주 사드가 한국 방어를 초월하는 미국 주도의 글로벌 MD 네트워크의 일환이 된다는 것을 의미한다. 미국은 이를 원활하게 하기 위해 C2BMC에서 X-밴드레이더를 직접 통제·관리할 수 있는 소프트웨어도 설치해놓고 있다. 이에 따라 미국이 성주 사드를 하와이에 있는 태평양사령부나 미국 본토에 있는 전략사령부에서 직접 통제할 수 있다.

이와 관련해 정의당 김종대 의원의 주장도 주목할 필요가 있다. 그는 2015년 5월 미 의회 산하 회계감사국(GAO)이 발간한 MD 보고서와 2016년 2월 미 정부가 작성한 2017회계연도 국방예산 정부 제출안을 근거로 "사드는 발전적으로 진화해서 미국 MD에 통합되기 위한 무기체제"라며 "한반도 사드 배치는 결국 한국이 미국 MD에 동참하게 되는 결과를 가져올 것" 이라고 지적했다.

실제로 이들 자료에 따르면 사드는 1.0과 2.0 버전으로 나뉜다. 1.0의 경우 사드 포대와 요격체 등 하드웨어 개발에 관련된 부분이고 2.0은 복합적인 지역에서 발생하는 다양한 미사일 위협에 대비해 사드를 다른 MD 자산들과 연동하는 능력을 확장하는 소프트웨어 개발과 관련 있다. 그런데 2020년대에 개발 완료될 예정인 사드 2.0은 미국이 전 세계를 상대로 구축 중인 MD 체제의 연동성을 더욱 탄탄히 하는 과정이다. 이를 근거로 김종대 의원은 "한반도 사드 배치를 통해 한·미·일 미사일 방어 협력이 강화되고 이는 동북아 질서를 한·미·일 대북·중·러로 재편하는 결과를 초래할 것"이라고 우려했다.*

* 김종대_보도자료, '사드 2.0', 한국도 결국 미국 MD 동참하나, 2016년 7월 19일.

13. 사드와 한일군사정보보호협정은 어떤 관계가 있는가?

앞서 설명한 내용이 사드와 미국 주도의 MD 사이의 '기술적 관계'를 밝힌 것이라면, 2014년 12월에 체결된 한·미·일 군사정보공유약정과 2016년 11월에 체결된 한일군사정보보호협정은 그 '제도적 장치'에 해당된다. 이러한 일련의 정보공유 움직임은 미국 주도의 MD와 밀접한 연관을 지닌다. 정보는 촌각을 다투는 미사일 요격 작전의 성패를 좌우할 핵심요소이다. 그런데 한국은 MD의 명시적인 적대국인 북한과 휴전선을 맞대고 있고 잠재적인 상대국인 중국 및 러시아와도 근거리에 있다. 이에 따라 미일동맹은 한국에서 미사일 조기 경보 정보를 제공해주면 MD의 효율성을 높일 수 있다고 보고 한국을 끌어들이기 위해 안간힘을 써왔다. 그 연원은 북한의 2차 핵실험 직후인 2009년 7월로 올라간다.

먼저 폭로 전문 사이트 〈위키리크스〉가 공개한 주일 미국대사관 외교 전문의 일부를 보자. 에드워드 라이스Edward Rice 주일미군 사령관은 2009년 7월 16~17일 도쿄에서 열린 차관보급 한·미·일 3자 안보토의(DTT: U.S.-Japan-ROK Defense Trilateral Talks)에서 "정보공유가 미국과 일본, 미국과 한국 양자 사이에서 배타적으로 이뤄지고 있기 때문에 MD에 차질을 주고 있다."고 지적했다. 그러면서 "3자 정보공유가 이뤄지면 더욱 효과적인 MD가 가능하다."고 주장했다.* 특히 주일 미국대사관은 3자 간의 정보 협력은 "다른 분야에서의 효과적인 협력을 위한 선도적 조치(precursor)"라고 평가했다. 3자 간의 정보공유가 한·미·일 삼각동맹으로 가는 초석이 될 것이라는 취지의 평가이다.

이 회의에 참석한 미국 측 수석대표인 마이클 쉬퍼Michael Schiffer 국방부 동아태 담당 부차관보의 발언도 주목할 필요가 있다. 그는 북한의 향후 도발은 북방한계선(NLL)과 비무장지대(DMZ)뿐만 아니라 "일본이나 괌을 겨냥할 수 있다."며, 3자 안보대화에는 이러한 시나리오도 포함되어야 한다고 주장했다. 그러자 한국 측 수석대표인 김상기 국방부 정책실장은 "쉬퍼의

---

* 참조. 〈http://www.wikileaks-kr.org/dokuwiki/09tokyo1879〉.

평가에 동의한다."면서 "한국을 겨냥한 위협에만 초점을 맞추는 것은 현명하지 못하다."고 거들었다. 이때다 싶었던 미국 태평양사령부 전략기획(J-5) 참모장 랜돌프 알레스Randolph Alles 중장은 2009년 12월 9일 하와이 인근에서 예정된 MD 실험에 한일 정부가 참관할 것을 제안했다. 이에 대해 일본 측은 적극적인 지지 의사를 밝혔고, 김 실장은 한국으로 돌아가면 긍정적으로 검토하겠다고 답변했다.* 실제로 한국은 옵서버 자격으로 이 훈련을 참관했고, 이듬해부터는 미국과 함께, 2012년부터는 한·미·일 3국이 해상 MD 훈련 '태평양의 용(Pacific Dragon)'을 실시했다.

미국은 '한국-오키나와를 포함한 일본-괌'은 사실상 '단일 전장권(single integrated theater)'이라는 논리를 펴왔다. 한반도 유사시 미국 군사력이 이들 지역에서도 투입되고, 또한 유사시 이들 지역도 공격당할 수 있다는 의미이다. 그리고 일본 본토와 오키나와, 괌이 공격당하는 시나리오는 적의 탄도미사일 발사라고 제기한다. 그래서 한·미·일 3자 MD가 필요하고, 이를 위해서는 한·미·일 3자 정보공유가 필수적이라는 것이다. 안

* 위와 같은 출처.

타깝게도 이명박 정부는 물론이고 박근혜 정부도 이러한 논리에 말려들고 말았다.

미국이 한·미·일 삼각 MD 체제를 추진하려는 의도는 미국 국무부의 프랭크 로즈Frank Rose 부차관보의 발언에서 잘 드러난다. 그는 2010년 9월 하순 도쿄 연설을 통해 "아시아에서 일본과 한국은 이미 중요한 MD 파트너들"이라고 일컬으면서 양자협력을 넘어선 다자간 MD 협력의 필요성과 장점을 강조했다. '정치적으로는' 적의 위협에 대한 공동의 대응능력을 강화시켜주고, '운용상으로는' 정보와 요격미사일 공유 등의 방식으로 MD 작전 능력을 증진시켜줄 것이며, '재정적으로는' MD 동맹국들 사이의 중복투자를 줄여 비용절감형 MD를 구축할 수 있다는 것이다. 세 나라가 함께 MD를 하면 적의 미사일 위협에 공동대처가 가능하고, 작전상의 효율성도 증대할 수 있으며, 경제성도 높일 수 있다는 의미이다.

당시 이명박 정부도 이에 호응하고 나섰다. 이미 한미와 미일 간에는 정보공유 협정이 체결된 상태라 한일 협정만 체결되면 되는 터였다. 이에 따라 이명박 정부는 2012년 5월에 한일군사정보보호협정 체결을 은밀히 추진했다. 그러나 일본 언론이 이를 보도하고 국내 언론에서도 대대적으로 보도하자 더이상 숨길 수가 없게 되었다. 여론의 뭇매를 맞은 이명박 정부는 결국 이 협정 체결을 유보하기로 했다. 그리고 8월 중순 '친일' 혐의를 씻기 위해 한국 대통령으로는 최초로 독도를 기습 방문했다. 이명박 정부는 한일군사협정과 MD 사이의 관계를 한사코 부인했었다. 그러나 이 문제에 정통한 아시아-태평양 안보연구센터의 제프리 호닝Jeffrey W. Hornung 박사는 이렇게 말했다. "(한일) 두 나라는 북한의 미사일 위협에 직면해 있기 때문에, 군사비밀보호협정은 3자 MD 협력을 위한 조치를 발전시키는 데 결정적으로 중요하다."*

2012년 한일군사협정 체결 무산으로 주춤하던 한·미·일 군사협력 움직임은 2014년 들어 다시 가속화되기 시작했다. 그 중요한 출발점은 오바마가 주선한 한·미·일 정상회담이었다. 3월 26일 네덜란드 헤이그에서 열린 이 회담에서 오바마는 3자 간 군사적 결속의 필요성을 강조하면서 "MD를 어떻게 더 심화시킬 수 있는지 논의할 것"이라고 말했다. 뒤이어 5월 31일 싱가포르에서 열린 한·미·일 국방장관 회담에서는 최고 실무

---

* JEFFREY W. HORNUNG, Lost chance for Tokyo-Seoul security relations, The Japan Times, June 18, 2012.

자 수준에서 3자 정보공유 방침을 분명히 했다. "3국 장관은
북한 핵·미사일 위협에 관련된 정보공유의 중요성을 재확인했
으며 이 사안에 대해 앞으로 계속 검토해나갈 필요성이 있다
는 데 견해를 같이했다."고 밝힌 것이다. 그리고 세 나라는 정보
공유를 3자 간의 약정 형태로 추진키로 하고 이를 위한 실무
그룹도 만들었다. 이러한 입장은 2014년 10월 하순에 워싱턴에
서 열린 한미연례안보회의(SCM)에서 거듭 확인되었고, 그해 연
말에 기습적으로 체결됐다.

이러한 한·미·일 3자 MD 및 이를 원활하게 하기 위한 정보
공유는 일본의 집단적 자위권과도 밀접히 연관되어 있다. 이
점을 파악하는 것은 대단히 중요한 의미를 지닌다. 두 가지 차
원에서 그렇다. 하나는 일본의 집단적 자위권과 미일동맹의
MD 논의 과정은 사드 배치 이후 한국이 직면할 미래의 예고
편에 해당된다는 점이다. 또 하나는 한국과 일본이 사실상 집
단적 자위권 관계에 돌입한다는, 즉 사실상의 군사동맹 관계
로 나아갈 가능성을 예고해준다는 점이다.

일본은 1998년부터 미국과 MD 공동 연구에 착수했다. 패트
리엇과 이지스탄도미사일방어체제(ABMD)를 도입하고 미국의

X-밴드레이더도 수용했다. 그러나 일본은 당초 MD와 집단적 자위권은 관계가 없다는 입장을 밝혔다. 일례로 2003년 12월 후쿠다 야스오 관방장관은 일본의 MD 정책을 발표하면서 "일본의 MD는 오로지 일본 방어만을 목적으로 한 것으로 제3국 방어를 위한 것이 아니"라며 이에 따라 "집단적 자위권과는 무관하다."고 강조했다. 박근혜 정부가 사드 배치를 발표하면서 "오로지 한국 방어용"이라고 주장한 것과 대단히 흡사하다.

그러나 2006년 1기 아베 정권 등장 이후 일본은 MD 정책을 미국 방어용으로까지 확대키로 했다. 2006년 11월 27일자 주일 미국대사관이 일본 동향을 분석한 보고서를 보면, 아베는 집단적 자위권을 추구하고 있고, 이는 "주로 자위대가 미국으로 향하는 미사일을 요격하는 문제에 초점을 맞추기 위한 것"이라고 기술되어 있다.* 2008년 1월 25일자 주일 미국 대사관의 외교 전문은 내용은 더욱 적나라하다. 이시바 시게루 방위성장관은 미국 하원 군사위원회 소속 의원들과 만난 자리에서 이렇게 말했다. "만약 미국이 공격당할 위기에 처하고 일본이 그 공격을 막을 수 있는 기회가 있음에도 불구하고 일본이 아

---

* 참조 〈http://www.cablegatesearch.net/cable.php?id=06TOKYO6736〉.

무런 역할을 못 하면 동맹은 깨지고 말 것이다." 이에 대해 앨런 타우셔 하원 군사위원회위원장은 "미국 국민은 일본의 MD 체제가 한쪽으로 치우치는 걸(one-sided) 원하지 않는다."고 말했다. 이는 일본 MD가 미국 방어에도 기여해야 한다는 의미였다. 그러자 시게루는 바로 그러한 이유 때문에 "(일본은) 집단적 자위권을 행사할 필요가 있다."고 화답했다.*

이처럼 미일 양국은 일본의 집단적 자위권이 보장되지 않고 있는 현실을 MD를 비롯한 미일동맹 강화의 가장 큰 걸림돌로 인식했다. 이러한 시각은 2013년 8월 2일에 작성된 미국 의회 조사국(CRS)의 미일관계 보고서에 담긴 아래 내용에서도 잘 드러난다.

"미국과 일본이 점차적으로 MD 협력을 통합하고 있는 반면에, 집단적 자위권이 금지되고 있는 현실은 일본 사령관들로 하여금 피격 당사자가 미군인지, 일본인지를 판단하는 데 문제를 야기하고 있다. 현행 헌법 해석에 따르면, 미국이 공격받더

* 참조 〈http://www.wikileaks.org/plusd/cables/08TOKYO203_a.html〉.

라도 일본군은 대응할 수 없다."*

2013년 6월 24일자 CRS의 〈아시아-태평양 탄도미사일방어
체제(BMD) 보고서〉도 주목할 필요가 있다. 보고서는 "통합된
MD 네트워크가 아시아-태평양 지역에서 더욱 제도화된 집단
안보의 선구자가 될 수 있다."고 했는데, 이는 MD를 하면 한·
미·일 3자동맹으로 원활하게 갈 수 있다는 의미이다. 또한 이
보고서에는 한·미·일 MD가 북한의 위협에 우선적으로 대처
하기 위한 것이지만, "유사시 중국 등 다른 국가의 미사일 요
격도 시도할 수 있다."고 나와 있다.** 미국이 북한을 구실로 삼
으면서 실질적으로는 중국을 겨냥하고 있다는 사실을 감추지
않고 있는 셈이다.

이러한 논의의 연장선상에서 미일동맹은 세 가지를 추진해
왔다. 첫째는 이지스 함에 장착되는 SM-3미사일을 대륙간탄도
미사일(ICBM) 요격까지 가능하도록 개량하는 것이다. 이를 위
해 일본은 무기수출 3원칙까지 개정하면서 미국과 공동개발

---

* Emma Chanlett-Avery, et al., Japan-U.S. Relations: Issues for Congress, August 2,
2013, 〈http://fpc.state.gov/documents/organization/212884.pdf〉.
** 위와 같은 출처.

에 나서고 있다. 미일 양국은 2018년에 신형 SM-3의 실전 배치를 목표로 하고 있다.* 둘째는 일본 자위대가 집단적 자위권을 행사해 미국으로 향하는 탄도미사일을 요격할 수 있는 제도적 기반을 확보하는 것이다. 셋째는 한국을 미일동맹의 하위 파트너로 끌어들여 한·미·일 3자 MD를 구축하는 것이다.

이러한 추세는 사드 배치 이후 한국의 미래상에 중차대한 함의를 내포하고 있다. 국방부는 사드 배치와 MD는 무관하다고 강변하지만, 이는 '손바닥으로 하늘을 가리는 격'이자 '몸으로 무너지는 댐을 막겠다'는 것과 다르지 않기 때문이다. 일단 사드와 함께 X-밴드레이더가 들어오면 이 레이더를 주일미군 및 미국 본토방어용으로 사용하지 않는 것은 정치적으로도 불가능해진다. 이미 기술적으로 이러한 용도로의 사용이 가능해지고 있는 상황에서 한국 정부가 'No'라고 말했다가는 한미동맹이 크게 흔들릴 수밖에 없기 때문이다.

이와 관련해 미국의 캐슬린 힉스 국방부 정책담당 수석부차

---

* 미·일이 공동 기술 개발하고 있는 구체적인 항목은 적외선 탐색기, KV 탄두(요격미사일의 탄두를 운동 에너지로 직격하여 파괴), 2단계 로켓체(전체 3단계의 미사일 중 제2단계 로켓체), 노즈콘(대기중 비행시 공력 가열로부터 적외선 탐색기를 보호) 등 네 가지다.

관은 2012년 9월에 이런 말을 했다. "한국이 MD에 기여할 수 있는 방안에는 여러 가지가 있다. 꼭 능동적 방어나 요격미사일을 이용한 적극적인 참여를 할 필요는 없다. 레이더망을 통해 기여할 수도 있다." 한·미·일 정보공유 약정 체결 직후에 일본 방위성은 이런 입장을 내놨다. "일본은 북한의 미사일 발사 시 한국이 적시에 정보를 제공해주길 원한다."* 한·미·일 정보공유를 요구해온 미일동맹의 의도를 가장 잘 드러낸 발언들이라고 할 수 있다.

　실제로 한국이 3자 MD에서 최전방 척후병 역할을 맡아주면 일본과 미국의 방어적 실효성은 상대적으로 높아질 수 있다. 미사일 요격은 '시간과의 싸움'이고 그래서 조기경보가 대단히 중요하다. 북한과 휴전선을 맞대고 있는 한국과는 달리 각각 동해와 태평양 건너에 있는 일본과 미국으로서는 한국에서 조기경보를 울려주면 해볼 만한 게임이 된다고 여길 수 있는 것이다. 이러한 분석은 빈센트 브룩스 주한미군 사령관의 발언에서도 유추할 수 있다. 그는 2016년 8월 2일 한국국방연구원(KIDA) 포럼에서 "정보가 분산되어 있으면 상황을 명확히

---

* The Japan Times, December 28, 2014.

인식하기 위한 공통상황도를 발전시키는 것이 어렵다."며, "상황 발생 시 효과적 대응도 어려우므로 조기경보 분야의 정보 공유가 가장 필요하다."고 강조했다.* 한일군사정보보호협정 및 3자간 MD를 강조하면서 나온 발언이다.

사드에 초점을 맞춰 한 걸음 더 들어가 보자. 앞서 설명한 것처럼 X-밴드레이더는 같은 포대 내에 있는 사드는 물론이고 타 지역의 사드, 이지스탄도미사일방어체제, 패트리엇, 미국 본토방어용인 GMD에도 실시간으로 정보를 제공할 수 있다. 이에 따라 성주 배치 X-밴드레이더는 미국은 물론이고 일본의 MD 자산과도 연동될 수 있다. 이와 관련해 한민구 국방부 장관은 2016년 7월 19일 국회에서 열린 사드 배치에 대한 긴급 현안 질문에 참석한 자리에서 "사드 레이더 정보를 일본과 공유하느냐?"는 질문에 "그렇지 않다."고 답한 바 있다. 하지만 문상균 국방부 대변인은 8월 4일 정례 브리핑에서 "일본 쪽에서 요청하면 사드 (탐지 정보와) 관련된 정보도 공유할 수 있는 여지가 있느냐?"는 질문에 "한·미·일 정보공유 약정 범위 내에

---

* 〈연합뉴스〉 2016년 8월 3일.

서는 가능할 것으로 판단된다."고 답했다.* 성주에 X-밴드레이더가 배치되면 이 레이더에서 수집한 정보를 일본과도 공유가 가능하다고 답한 것이다.

한국에 사드가 배치되면 그 운용 주체는 미국이 된다. 이에 따라 X-밴드레이더에서 수집한 정보는 미국이 바로 일본에 전달할 수 있다. 하지만 여기에는 문제가 있었다. 미국이 운용 주체라고 하더라도 그 레이더는 한국 영토에 배치되어 있다. 여기서 수신한 정보를 한국의 동의 없이 제3국과 공유하면 주권 침해 논란이 벌어질 수 있었다는 것이다. 하지만 한일 양국이 군사정보보호협정을 체결해 양국 간에도 정보를 공유키로 함으로써 미국은 한국 배치 레이더에서 수집한 정보를 한국의 사전 동의를 받지 않고도 일본에 바로 전달할 수 있게 되었다.

이렇게 되면 일본은 한국을 '최전방 전초기지'로 삼아 현재로서는 2중, 잠재적으로는 3중 방어체제를 구축할 수 있게 된다. 적의 탄도미사일 비행 중간단계에는 이지스탄도미사일방어체제(ABMD)를 이용하고, 주요 거점에 배치된 패트리엇-3으로

---

* 〈프레시안〉 2016년 8월 4일.

종말단계 '저고도' 방어를 시도할 수 있다. 이에 더해 구매를 고려 중인 사드까지 구비하면 종말단계 '고고도' 방어도 시도할 수 있게 된다. 이러한 다층 MD 체제에서 한국이 이지스 함에 장착된 SPY-1D 레이더나 미국이 운용할 성주 X-밴드레이더에서 탐지한 정보를 일본에 실시간으로 전달해주면 방어적 이점은 배가될 수밖에 없다. 그리고 이건 한국과 일본이 집단적 자위권을 공유한다는 것을 의미한다. 사드 배치 및 한일군사정보보호협정의 치명적인 문제는 바로 여기에 있는 것이다.

그래도 3자 MD가 한국 방어에 기여할 수 있다면 실익이 있는 것이 아니냐고 반문할 수 있다. 그런데 그 실효성이 거의 없다. 2013년 6월 미국 의회조사국(CRS)이 발간한 보고서에도 "기술적 측면에서 볼 때, 한국은 북한과 너무 가까워 미사일이 저고도로 수 분 내에 날아와 3국 미사일방어 공조에서 이득을 기대하기 어렵다."고 나와 있다. 휴전선을 맞대고 있고 종심이 짧다는 것을 고려할 때 당연한 지적이라고 할 수 있다.

14. 중국은 왜 그토록 사드에 반대하는가?

사드의 핵심적인 문제 가운데 하나는 중국과의 연관성에 있다. 연관성이 없다면 중국의 반대와 보복은 부당한 것이지만, 연관성이 있다면 얘기는 달라진다. 이와 관련해 한미 양국은 사드는 중국과 무관하다고 일관되게 주장해왔다. 반면 중국은 한국 내 사드 배치가 공론화된 2014년부터 일관되고도 강력하게 반대 입장을 표명해왔다.

2017년 들어서는 그 강도가 더 강해지고 있다. 시진핑 주석은 신년사를 통해 "우리는 평화 발전을 견지하면서도 영토 주권과 해양 권익을 결연히 수호할 것"이라면서 "이 문제에 대해서는 그 누가 어떤 구실을 삼더라도 중국인들은 절대로 수용하지 않을 것"이라고 말했다. 중국이 한국 내 사드 배치를 자신의 영토 주권을 침해하는 문제로 간주해온 만큼, 이 문제에 대해서 결코 물러서지 않겠다는 의지를 분명히 한 셈이다. 왕이 외교 부장 역시 2017년에도 "중국은 한반도 비핵화라는 목표를 추진해 나가되 핵문제를 빌미로 한반도에 사드를 배치하는 것에 반대한다."고 밝혔다. 다음 글에서 다루겠지만 한국에 대한 보복의 수위도 높이고 있다.

중국은 사드 문제를 미중 간의 전략적 경쟁의 관점에서 바라본다. 그런데 한국이 미국의 사드 배치를 수용하기로 함으로써 자신들의 '핵심 이익'을 침해한다고 여긴다. 이를 두고 국내 보수 진영은 사드는 핑계에 불과하고 중국의 본질적인 의도는 한미동맹을 이간질하려는 데 있다고 주장한다. 이번에 중국에 밀리면 중국은 사사건건 개입하려 들고 한국은 중국에 끌려 다니는 신세가 될 것이라며 '공중증恐中症'을 부추긴다. 이러한 주장은 얼마나 타당한 것일까? 거꾸로 중국의 사드 인식은 얼마나 타당한 것일까?

먼저 사드의 1차적인 주체라고 할 수 있는 미국의 입장을 살펴보자. 미국은 공개적으로는 사드가 중국과는 무관하다는 점을 줄곧 강조해왔다. 하지만 그 속을 들여다보면 다르게 해석할 수 있는 여지도 많다. 사드는 MD의 일환이다. 그래서 미국의 MD 전략에 중국이 포함되어 있느냐의 여부를 살펴보는 게

1차적으로 중요하다. 이와 관련해 오바마의 지시로 미 국방부가 2010년에 작성한 〈MD 보고서〉에서는 "양안관계의 불균형이 심화되고" 있고 "중국이 대함 탄도미사일을 비롯한 미사일 전력 증강에 나서고 있다."며, 중국을 "각별한 우려"의 대상이라고 명시했다.* 미국의 MD 전략에서 중국도 주된 대상이라는 점을 분명히 밝힌 것이다.

그런데 이 보고서는 오바마 행정부가 2011년 아시아 재균형 전략을 발표하기 전에 나온 것이다. 주지하다시피, 재균형 전략의 핵심은 '중국의 반접근 및 지역 거부(Anti-access/Area-denial, A2AD)' 전략을 무력화해 미국이 동맹국과 함께 행동의 자유를 증진하는 데에 있다. 그리고 MD는 이를 위한 핵심 무기체제이다. 이러한 내용을 종합해볼 때, 미국 주도의 MD 체제의 주된 대상 가운데 하나는 중국이라고 해도 과언이 아니다. 그리고 사드 및 X-밴드레이더는 MD의 핵심적인 무기체제이다.

미국 스스로 MD 배치가 중국의 안보 이익을 겨냥한 것이라

---

* Department of Defense, Ballistic Missile Defense Review Report, February 2010, 〈http://www.defense.gov/bmdr/docs/BMDR%20as%20of%2026JAN10%200630_for%20web.pdf〉.

고 밝히고 있다는 점도 간과해서는 안 된다. 미국의 관리들은 "중국은 항상 그들의 '핵심 이익'과 그들이 대응해야 할 위협을 말하고 있다."며, "이제 중국은 우리 역시 우려를 갖고 있다는 것을 들어야 할 필요가 있다."고 주장한다.* 이는 곧 중국이 북한을 압박하지 않으면, 미국은 중국이 가장 우려하는 MD 구축에 박차를 가하겠다는 의미를 내포하고 있다. 실제로 미국은 MD 배치를 중국을 압박할 수 있는 유용한 카드로 인식해왔다. 이는 거꾸로 MD가 중국과 무관하다면 성립할 수 없는 얘기이다.

이러한 미국의 의도를 적나라하게 드러낸 발언도 있다. 1기 오바마 행정부에서 국무장관을 지낸 힐러리 클린턴은 2013년 6월 4일 골드만삭스 임원진을 대상으로 한 비공개 강연에서 이렇게 말했다.

"우리는 중국인들에게 이야기했습니다. 북한이 이대로 핵개발을 계속하고, 소형 핵탄두를 장착할 수 있는 ICBM을 손에 넣게 되는 상황을 우리는 용납할 수 없다고 말이죠. 그러한 상

---

* The New York Times, January 13, 2011.

황은 우리의 동맹인 일본과 한국에게 위협일 뿐만 아니라 하와이, 그리고 미국 본토의 서부 해안까지 위협받기 때문입니다. (만약 그런 상황이 온다면) 우리는 중국을 MD로 에워쌀 것이며, 동아시아 지역에 더 많은 함대를 배치할 것입니다."*

그렇다면 중국은 왜 사드 배치에 이토록 민감하게 반응하는 것일까? 이와 관련해 양시위(楊希雨) 전 중국 외교부 한반도 판공실 주임은 중국의 사드 반대 이유를 세 가지로 꼽았다. 사드 배치가 "한반도의 평화와 안정에 해롭고, 동북아의 전략적 균형을 심각하게 훼손하며, 중국의 전략적 안보 보장에 심각한 위협이 된다."는 것이다.** 공산당 기관지인 〈인민일보〉도 2016년 8월 3일 및 4일자 '종성鐘聲'(사설에 해당됨)을 통해 반대 이유를 분명히 밝혔다. 이 매체는 "미한이 한국에 사드를 배치하는 것은 중국의 안보전략에 엄중한 현실적 위협을 형성하는 것"이라며 이를 "핵심 이익"과 직결된 문제라고 적었다. 중국이 '핵심 이익'이라고 표현한 것은 사드 문제와 관련해 절대로 물러서지 않겠다는 의사 표현과 마찬가지이다.

---

* Truthdig: drilling beneath the headlines, October 11, 2016.

** 양시위, 중국 외교와 사드, 대한반도 정책, 제5차 북핵 실험이후 한반도 안보외교환경과 한중관계 학술회의 발표문, 2016년 11월 17일.

중국의 거센 사드 반대를 시진핑의 분노와 연결시키는 시각도 있다. 시진핑은 2012년 말 취임 이후 중국 내 북한 지지 세력의 반대에도 불구하고 대담한 친한親韓 행보를 선보였다. 2017년 1월까지 북중 정상회담은 한 차례도 열지 않은 반면에, 박근혜 대통령과는 수차례의 회담을 가졌다. 하지만 한미 양국이 2016년 7월 8일 기습적으로 사드 배치를 발표하면서 시진핑의 체면이 크게 구겨졌다. "최고 지도자가 직접 나서 여러 차례 사드 배치 반대 의사를 밝혔고 한국도 크게 배려했는데" 박근혜 정부가 사드 배치 결정으로 중국을 배신했다는 정서가 팽배하다는 것이다. 이로 인해 "현재 중국에서 가장 강하게 사드를 반대하는 사람이 시진핑"이라는 말도 나온다.*

중국 정부는 〈인민일보〉를 통해 대응 의지도 분명히 밝히고 있다. 사드에 맞서 "중러는 전면적인 전략적 동반자 협력을 할 것"이라며 "만약 미한이 자기만의 옹고집을 부린다면 중러는 미한이 전혀 생각하지도 못한 방식으로 또 감당할 수 없을 정도의 대비 조치를 내놓을 것"이라고 강조했다. 특히 대비 조치 가운데 하나로 미국과 중러 사이에 "충돌이 폭발하면 한국은

* 〈중앙일보〉, 2016년 12월 7일.

의심의 여지없이 제일 먼저 타격의 표적이 될 것"이라고 위협했다.

중국이 이처럼 강력히 반발하고 있는 데에는 레이더가 핵심적인 이유를 차지한다. 성주에 배치될 예정인 X-밴드레이더(AN/TPY-2)가 중국의 탄도미사일을 탐지할 수 있느냐의 여부를 둘러싼 논란이 지속되고 있지만, 기실 이 논란은 부질없는 것이다. 어떤 미사일이든 이 레이더의 탐지 범위 안에 들어오면 북한 것, 중국 것, 러시아 것 가릴 것 없이 추적할 수 있기 때문이다. 쉽게 말해 레이더라는 '기계'는 미사일의 '국적'을 따지지 않는다. 이로 인해 중국을 설득하기란 적어도 과학적으로는 불가능하다. 더구나 미 육군 교본에 따르면 X-밴드레이더의 탐지 범위는 "1000km 이상"이고, 2008년에 패트릭 오레일리Patrick O'Reilly MDA 부소장은 X-밴드레이더의 탐지 범위가 "2,900km 이상"이라고 밝힌 바 있다.[*]

미국 정부의 문서를 보더라도 사드 및 X-밴드레이더는 미국의 글로벌 MD와 밀접한 연관을 갖는다는 걸 확인할 수 있다.

---

[*] 참조 〈https://mostlymissiledefense.com/2016/07/17/thaad-radar-ranges-july-17-2018/〉.

이는 앞선 글에서 자세히 설명한 바 있다. 그 핵심적인 내용은 X-밴드레이더가 사드뿐만 아니라 다른 요격체제와도 연동되어 있고, 전진배치 모드와 종말 모드를 같은 소프트웨어로 업그레이드하고 있어 이들 모두의 전환은 더욱 신속하게 이뤄질 수 있다는 것이다. 더구나 글로벌 MD의 '뇌'에 해당하는 지휘통제전투관리통신(C2BMC) 본부에는 X-밴드레이더를 직접 통제·관리할 수 있는 소프트웨어도 내장되어 있다. 이에 따라 성주에 이 레이더 배치가 강행되면, 성주 기지는 글로벌 MD 시스템의 '최전방 척후병'으로 기능하게 될 가능성이 높아진다.

이러한 미국 주도의 MD 능력 강화에 대한 중국의 전략적 우려는 미중 간의 핵 능력 '불균형'과 맞물려 있다. 2016년 현재 미국과 중국의 핵무기 보유량의 차이는 약 7000개 대 260개이다. 여기에 핵무기의 폭발력, 신속 발사 태세 여부, 핵무기 운반 수단 등을 종합적으로 고려하면 미중 간의 격차는 더욱 벌어질 수밖에 없다. 이러한 차이를 이해하는 건 중국이 왜 그토록 한국 내 사드 배치에 민감하게 반응하는지를 알 수 있게 해준다. 안 그래도 핵 능력이 큰 차이를 보이고 있는 상황에서, 미국이 중국의 제한적인 보복 능력마저 무력화시킬 수 있는 MD를 갖게 되면, 전략적 균형이 와해된다고 여기기 때문이다.

중국의 핵전략의 축은 두 가지이다. 하나는 '최소 억제'이다. 핵무기가 품고 있는 가공할 폭발력이면 적은 양으로도 미국이나 러시아를 억제할 수 있다는 것이다. '핵 능력의 불균형'을 '공포의 균형'으로 맞출 수 있다는 의미이다. 또 하나는 '핵 선제 불사용(No First Use)' 정책이다. 중국은 상대방이 먼저 핵무기로 공격하지 않는 한, 선제 핵공격을 가하지 않겠다는 정책을 핵보유 가운데에는 유일하게 공식 채택해놓고 있다. 그런데 사드를 비롯한 미국 주도의 MD는 이 두 가지를 송두리째 뒤흔들게 된다. 모든 핵보유국은 2차 공격 능력 유지를 핵전략의 근간으로 삼아왔다. 적대국의 선제공격으로 자신의 핵전력의 일부가 파괴되어도 여분을 가지고 보복할 수 있다면 상대방의 선제공격을 억제할 수 있다는 논리에 따른 것이다.

이 상황에서 어느 일방이 상대방의 보복 능력을 무력화시킬 수 있는 방패를 갖게 되면 어떻게 될까? 좀 더 실감나게 설명하면 이렇다. 유사시 미국이 선제공격으로 중국의 핵전력 3분의 2를 파괴했다고 가정해보자. 당연히 중국은 나머지 3분의 1로 보복하려고 할 것이다. 그래야 '공포의 균형'을 통해 미국의 공격을 억제할 수 있다. 그런데 미국이 이를 막을 수 있는 MD를 갖게 되면 이마저도 무력화될 수 있다. 양측이 공격용 핵무기만 있는 상태에서는 '전력의 불균형'을 '공포의 균형'으로 상쇄할 수 있지만, 어느 한쪽이 막강한 공격력에 더해 방어력까지 구비하면 '공포의 균형'마저 무너지게 되는 것이다. 이는 중국이 미국 주도의 MD를 21세기 최대 전략적 위협으로 간주하는 근본적인 이유이다.

한국 내 사드 배치는 이러한 미중 간의 전략 게임에 큰 함의를 지닌다. 앞서 언급한 것처럼, 레이더는 미사일의 국적을 따지지 않기 때문에, 중국의 탄도미사일이 레이더의 탐지 범위를 지나가면 탐지·추적할 수 있다. 그리고 이 레이더에서 수집된 탄도미사일 탐지·추적·식별 정보는 '데이터 링크-16'에 의해 실시간으로 이지스 함, 다른 사드 포대, 패트리엇, 미국 본토방어용인 지상기반중간단계방어체제(GMD)에 전달된다. 이게 바로 미국이 강조하는 '통합 MD'의 핵심적인 내용이다.

그렇다면 미국의 한국 내 사드 배치는 구체적으로 어떤 함의를 지니고 있는 것일까? 이와 관련해 2016년 9월 초에 항저우에서 열린 한중 정상회담을 주목할 필요가 있다. 이 자리에서 시진핑은 "우리는 미국이 한국에 배치하는 사드 시스템에 반대한다."며 "상대국의 핵심이익을 존중해야 한다."고 강조했다. 그의 발언에서 주목할 것은 세 가지이다. 하나는 '미국이 한국에 배치하는'이라는 표현을 사용함으로써, 사드는 본질적으로 미중 간의 문제라는 인식을 드러냈다는 것이다. 또 하나는 '핵심이익'이라는 표현을 사용해, 결코 이 문제와 관련해 물러서지 않겠다는 의지를 강조했다는 것이다. 그런데 이 두 가지는 고도로 연결된 것이다. 사드 배치는 미중간의 '전략적 안보 이익'에 영향을 미치는 중차대한 문제인데, 한국이 미국편에 섬으로써 중국의 '핵심이익'을 훼손하고 있다는 것이다.

끝으로 시진핑은 "이 문제(사드 배치)를 부적절하게 처리하는 것은 지역의 안정에 도움이 되지 않고 분쟁을 격화할 수 있다."고 경고했다. 그런데 이 발언을 가장 주목할 필요가 있다. 그가 말한 지역 분쟁은 크게 세 가지를 염두에 둔 것이다. 한반도와 동중국해, 그리고 대만 해협이 바로 그것이다. 중국은 사드를 비롯한 미국 주도의 MD가 강화될수록 자신의 대미억제력이 약화된다고 여긴다. 이는 곧 중국과 영유권 분쟁을 벌이고 있는 일본의 군사적 모험주의, '하나의 중국' 원칙을 인정하길 꺼려하는 대만 민진당 정권의 독립 움직임을 부추길 수 있다는 우려로 연결된다. 방어력이 강화될수록 최강의 공격 능력을 갖춘 미국의 '지역 분쟁' 개입은 수월해질 수 있고, 이를 믿고 역

내 일부 국가들이 중국을 상대로 대담한 행보를 선보일 가능성이 높다는 것이 중국이 사드를 반대하는 핵심적인 이유인 것이다.

한발 더 깊게 들어가면 이렇다. 대만 해협에서 양안 분쟁이 발생하거나 동중국해에서 중일 간에 군사적으로 충돌할 경우 가장 큰 변수는 무엇일까? 그건 바로 미국의 항공모함 전단을 앞세운 군사적 개입 여부이다. 미국의 개입 여부에 따라 전세는 크게 달라질 수밖에 없기 때문이다. 중국이 이러한 상황에 대비해서 만든 것이 바로 '항공모함 킬러'로 불리는 둥펑-21D 탄도미사일이다. 이 미사일은 백두산 뒤쪽 통화시通化市에 주로 배치되어 있다. 그런데 한국에 사드와 함께 X-밴드레이더가 배치되면, 미국은 중국 동북부에서 발사되는 둥펑-21D를 조기에 탐지·추적할 수 있게 된다.

성주 배치 X-밴드레이더는 일본 교토에 배치된 레이더보다 600km 정도 중국 통화시에 가깝고 이에 따라 유사시 둥펑-21D를 3분 정도 빠르고 정확하게 포착할 수 있다. 그리고 이 정보는 실시간으로 지휘통제전투관리통신(C2BMC)을 거쳐 항공모함을 호위하는 이지스 함에 전달될 수 있다. 그리고 이 정보를 받은 이지스 함은 SPY-1D레이더로 후속 탐지하면서 SM-3를 발사해 둥펑-21D 요격을 시도할 수 있게 된다. 이와 관련해 한국군 관계자는 "미 해군의 이지스 함이나 해상배치 X-밴드레이더(SBX)로도 충분히 탐지할 수 있기 때문에 사드의 탐지 여부는 별 의미 없는 얘기"라고 반박한다.* 하지만 이는 미사일 요격은 '거리와의 싸움'이라는 상식을 망각한 반론이다. 지구는 둥글고 레이더는 직진성이 강하다. 그래서 미사일 발사지에 레이더가 가까이 있을수록 조기 탐지·추적에 유리하다. 한국에 X-밴드레이더의 존재 여부가 미중 간의 군사적 유불리에 상당한 영향을 미칠 수 있는 것이다.

문제는 여기에서 그치지 않는다. 성주 레이더가 유사시 미국 본토로 향하는 중국의 대륙간탄도미사일(ICBM) 요격용으로도 이용될 수 있기 때문이다. 일단 X-밴드레이더는 미국 본토방어용 MD에 정보를 송신할 수 있다. 이에 따라 관건은 성주 레이더가 중국의 ICBM을 탐지·추적할 수 있느냐에 있다. 이와 관련해 시어도어 포스톨 미국 MIT 교수와 조지 루이스 코넬대 선임연구원은 주목할 만한 분석 결과를 내놨다. "중국에서 미

---

* 〈중앙일보〉 2017년 1월 24일.

국 본토를 목표로 발사되는 ICBM이 한반도 북쪽 상공을 통과하는 동안 X-밴드레이더가 3000km 이상 거리까지 탐지·추적할 수 있는 것으로 분석됐다."는 것이다.*

이러한 점들을 종합해본다면, 한국에 사드가 배치될 경우 중국의 대미억제력은 총체적인 난관에 직면할 수밖에 없다. 주한미군과 주일미군은 물론이고 미국 증원전력과 미국 본토에 대한 억제력도 약화될 것이기 때문이다. 이에 따라 한국이 사드 배치를 양해해달라고 아무리 중국을 설득하거나 무시해도 소용없다. 더구나 중국 역시 사드가 한국 방어에는 효용성이 없다고 여긴다. 대신 중국의 지역 경쟁자인 일본 및 글로벌 경쟁자인 미국 방어에 이용될 것이라고 본다. 그런데 왜 한국 정부가 사드 배치에 매달리는지 이해하기 힘들다는 게 중국이 품고 있는 핵심적인 의문이다.

---

* 〈한겨레〉 2015년 6월 1일.

15. 중국의 사드 보복은 부당한 것 아닌가?

나는 중국의 사드 반대는 나름대로 합리적인 근거가 있다고 생각한다. 하지만 그 대처 방식에는 문제가 많다고 생각한다. 일단 부인할 수 없는 현실은 사드 배치 결정의 최대 피해자가 한국이 되고 있다는 점이다. 그리고 그 피해는 고스란히 한국 국민들에게 전가되고 있다. 당장 경제적 피해가 눈덩이처럼 불어나고 있다. 더불어민주당 송영길 의원에 따르면, "사드 배치 결정 이후 중국 관광객이 전년 동기 대비 28% 줄면서 중국인이 주로 이용했던 서울시내 면세점에서는 중국인 대상 매출이 26%, 백화점의 중국인 대상 매출은 25% 정도가 급감했다."고 한다. 주가 총액도 약 13조원이 증발했다. 2016년 7월 8일 사드 배치 발표부터 12월까지의 통계 수치이다.

연말연시에 그 수위는 더욱 높아지고 있다. 한미 양국이 사드 배치에 속도를 높이기로 하자, 중국도 맞대응에 나선 것이다. 연말에는 한류와 여행 제한에서부터 반덤핑 관세 부과, 비자 발급 제한 조치, 사드 부지를 제공키로 한 롯데에 대한 전수조사 등에 이르기까지 다양한 보복 조치들이 나온 바 있다. 이로 인해 관련 업체들의 매출과 주가가 폭락하는 등 경제적 피해가 속출해왔다. 2017년 들어서도 중국 민항국은 한국의 3개 항공사가 신청한 1월 8개 노선의 전세기 운항을 불허했고 한국에 전세기 운항을 신청한 중국 항공사들도 신청을 철회했다. 또한 중국 정부는 삼성SDI와 LG화학 배터리를 탑재한 전기차를 중국 정부의 최신 보조금 지급 대상에서 제외시켰고, 한국산 화장품 19개의 수입 불허 조치를 내렸다.

나는 중국의 이러한 보복 조치가 부적절하고도 부당하고 생각한다. 중국이 한국 내 사드 배치 결정에 대해 강한 우려를 갖고 있는 것을 충분히 이해할 수 있다. 하지만 중국의 보복 조치로 인해 피해를 당하는 사람들은 사드 배치 결정과 무관한, 그래서 무고한 사람들이다. 한국에 대한 중국의 보복 조치가 부당한 결정적인 이유도 있다. 시진핑을 비롯한 중국 당국자들은 "미국이 한국에 사드를 배치하는 것을 강력히 반대한다."는 입장을 줄곧 밝혀왔다. 이는 곧 중국이 사드 배치 결정의 주체를 미국으로 간주하고 있다는 것을 의미한다. 그런데 중국은 미국에는 이렇다 할 사드 보복을 취하지 않고 있다. 미중관계가 다방면에 걸쳐 얽혀 있기 때문에, 중국이 미국에 보복하면 미국의 맞대응을 초래해 중국이 말하는 '신형대국관계'가 더욱 꼬일 것을 걱정하기 때문일 것이다.

이러한 중국의 태도는 분명 비판받아 마땅하다. 하지만 이들 문제는 예견할 수 있었던 것이었고, 그럼에도 박근혜 정부가 상당 부분 자초한 것이라는 점에서 문제의 심각성이 있다. 박근혜 정부는 물론이고 사드 배치 찬성론자 가운데 상당수는 사드 배치 결정 이전에는 중국의 보복이 없거나 미미할 것이라고 주장했었다. 한중관계는 상호의존적이어서 중국이 한국에 보복을 가하면 중국도 피해를 보기 때문이라는 주장을 펼쳤다.

한중관계가 상호의존적인 것은 맞다. 그래서 한국에 대한 중국의 보복으로 중국도 피해를 보는 측면이 있다. 일례로 중국의 알리바바, 텐센트, 완다 등 거대 기업들은 한국의 엔터테인먼트나 IT 회사에 투자를 해왔기 때문에, 한국 측 파트너의 주가 및 매출 하락에 일정 정도 영향을 받을 수밖에 없다. 여행업도 마찬가지이다. 그런데도 중국은 보복의 수위를 높이고 있다. 왜 그럴까? 중국의 전문가는 나에게 이렇게 말했다. "우리도 조금은 피해를 보지만, 핵심이익을 수호하기 위해 어쩔 수 없다."

국내의 사드 찬성론자들은 중국의 보복이 가시화되자 말을 싹 바꾸고 있다. 중국에 대한 비난은 그렇다 치더라도 국내의 사드 배치 반대론자나 신중론자들을 '친중 사대주의자', 심지어는 '매국노'로 몰아붙인다. 사드를 '미국이냐, 중국이냐'는 양자택일의 문제로 몰아가면서 선택을 강요하기도 한다. '방귀 낀 놈이 성 낸다', '도둑이 도리어 몽둥이를 든다'는 속담이 절로 떠오르는 현실이 아닐 수 없다.

1월 초 더불어민주당 의원들의 중국 방문을 놓고 이런 공세는 정점에 달했다. 보수 언론과 정당들은 '사대 외교'니 심지어 '매국노'라는 말까지 쏟아냈다. 중국 정부에 대한 비난도 거셌다. 김장수 주중대사는 한 번도 만나주지 않으면서 야당 의원들을 챙겨주는 건 한국 정부를 무시하기 때문이라는 것이다. '정부 홀대, 야당 환대'를 보이는 중국의 태도를 비판할 수는 있다. 하지만 이건 자초한 것이기도 하다. 중국 정부는 일관되게 사드 배치 중단을 요구해왔다. 그런데 박근혜 정부는 오히려 속도를 높여왔다. 이는 곧 중국 정부가 한국 정부와 만나봐야 소용없을 것이라는 확신으로 이어졌다. 그리고 한국의 조기 대선과 정권 교체 가능성이 높아지면서 야당을 주요 파트너로 삼고 말았다.

어쨌든 사드가 한중관계의 '폭탄'이 된 것만은 부인할 수 없는 현실이 되었다. 사드 배치 발표만으로도 이러한 사달이 난다면, 사드 기지 공사가 시작되고 배치가 완료되면 중국의 보복 수위는 더욱 높아질 것이다. 그것도 한시적으로 끝나지 않고 사드가 한국에 있는 한 내내 지속될 공산도 있다. 한국의 무역 의존도에서 대중국 교역이 차지하는 비중이 30%에 육박한다. 그래서 '막대한 경제적 피해를 감수하면서까지 사드 배치를 강행할 것인가'라는 질문을 던지지 않을 수 없다. 그런데 사드 배치 결정을 철회하면 중국의 압력에 굴복한 모양새가 될 수 있다. 사드 찬성론자들도 이 점을 강조하면서 국민들의 자존심을 자극한다. 심지어 〈조선일보〉는 사설에서 "(중국의) 압력으로 군사 정책을 바꾸는 선례를 만들어 그들이 우리를 길들일 수 있다고 여기게 되면 재앙이 벌어질 것"이라고 위협한다.*

    사드 문제를 둘러싼 한중 갈등을 슬기롭게 풀면서 합리적인 해법을 모색하기 위해서는 중국에 대한 비난과 비판의 옥석을 가리는 것부터 시작해야 한다. 사드 찬성론자들은 중국의 입장을 강하게 규탄하면서 크게 두 가지 논지를 내세운다. 하나는 중국의 반대가 한국의 주권을 침해하는 '내정간섭'에 해당된다는 것이다. 또 하나는 북핵에 눈감았던 중국이 북핵 위협에 대비한 사드 배치를 반대할 자격이 있느냐는 것이다. 그러면서 사드 배치에 반대하거나 신중해야 한다고 주장하는 국내 인사들을 '친중 사대주의자'로 비난하기도 한다.

    한미동맹 관계가 양자 관계로 국한된다면, 제3국인 중국의 사드 반대가 주권 침해로 비춰질 수 있다. 그러나 사드 배치는 중국의 안보 주권과도 관련된 문제이다. 앞선 글에서 자세히 다룬 것처럼, 미사일의 '국적'을 따지지 않는 X-밴드레이더라는 '기계'는 미국이 운용하게 된다. 미국이 이 레이더를 중국용으로 사용하면 한국은 국제법적으로도 중국에 군사적 적대

---

* 〈조선일보〉 2017년 1월 3일.

행위를 하는 셈이 된다. 냉정히 말해 한국이 중국의 주권을 침해할 소지가 있다는 것이다. 이 문제를 해결하기 위해서는 최소한 한국 정부가 미국 정부에게 '사드는 절대로 중국을 겨냥하지 않겠다'는 법적 구속력을 갖춘 보장을 중국에 제시해 중국의 양해를 받아오라고 요구해야 한다. 그런데 이러한 시도조차도 없었다.

'북핵을 눈감아준 중국이 사드 배치를 반대할 자격이 없다'는 식의 논법도 신중해져야 한다. 기실 중국의 가장 큰 불만은 한미 양국이 북핵 해결을 위한 대화와 협상에는 부정적이면서 북핵 위협을 이유로 사드와 같은 군사력과 동맹 강화에 몰두하고 있다는 데에 있다. 한미 양국은 북한이 2016년 초에 "한미군사훈련을 중단하면 핵실험도 중단하겠다."는 제안을 일언지하에 거절했다. 또한 "한반도 비핵화와 평화협정 논의를 병행하자."는 중국의 제안도 무시했다. 그 대신 사드 배치를 밀어붙이고 있다. 한미 양국은 북핵 악화를 중국의 탓으로 돌리려고 하지만, 중국은 이를 적반하장으로 간주한다. 그러면서 한미 양국에게 북핵 해결에 얼마나 진정성을 갖고 임해왔느냐고 반문한다. 미국이 북핵을 '꽃놀이패'로 삼아 중국에 대한 군사적 봉쇄와 포위를 강화하고 있다고 의심하면서 한국이 이러한 미국의 의도에 말려드는 것을 불만스러워 한다.

사드 대란을 거치면서 분명해진 게 있다. 사드 배치와 한중 관계 발전이 양립할 수 없다는 게 바로 그것이다. 한국의 경제적 피해는 눈덩이처럼 불어나고 있고 양국 국민 사이의 감정도 눈에 띠게 나빠지고 있다. 후술하겠지만, 군사적 적대 관계로 돌변할 위험마저 있다. 한국이 중국과 등지고 살겠다면 감당할 수 있는 문제일 수 있다. 사드가 방어적 효율성이 있다면 고민해볼 수 있는 문제일 수 있다. 하지만 한국은 중국과 등지고 살 수도 없다. 사드는 북핵을 막는 데에도 무용지물이다. 그렇다면 우리의 선택은 자명해지는 것이 아닐까?

그럼에도 불구하고 박근혜 정부는 트럼프 행정부를 상대로 사드 배치를 확약받기에 여념이 없다. 1월 초엔 김관진 청와대 국가안보실장이 도널드 트럼프 차기 행정부의 마이클 플린 국가안보좌관 내정자를 만났다. 그리곤 워싱턴특파원들을 만나 "자주권에 해당하는 문제인 만큼 중국이 반대한다고 하더라도 거기에 상관하지 않을 것"이라며 "(한미 간에) 합의된 대로 반드시 배치한다는 데 양국 간에 의견 일치를 봤고, 계획대로 갈 것"이라고 말했다. 중국은 사드 중단을 요구하고 있는데 미국에 가서 아랑곳하지 말고 빨리 하자고 말한 격이다.

박근혜 정부가 최소한의 양심과 국익을 생각하는 마음이 있었다면 이래서는 안 된다. 사드 배치 결정 철회나 연기가 정내키지 않았다면, 최소한 기존 계획을 유지했어야 했다. 기존 계획이란 사드 배치 시점을 2017년 12월로 정한 것을 말한다. 그런데 박근혜 탄핵과 조기 대선이 불가피해지면서 사드 배치 목표 시점을 5월로 앞당겼다. 조기 대선에서 사드 문제를 핵심 이슈로 부상시키고 다음 정부의 선택지를 좁히겠다는 발상이 아니라면 납득하기 힘든 조치인 것이다.

다행히 국내의 사드 여론도 바뀌고 있다. 초기에는 과반수 이상이 사드 배치에 찬성한다고 했지만, 최근에는 사드를 반대하거나 차기정부로 넘겨야 한다는 여론이 찬성 여론을 압도하고 있다. 보수 진영에서 야권에 대해 맹폭을 가하고 있지만, 야권은 최소한 차기정부로 넘겨야 한다는 일관된 입장을 견지해 왔다. 중국의 반대와 보복으로 야권의 입장이 바뀐 것이 아니라는 것이다. 두 가지 사실은 야권이 좀 더 자신감을 갖고 사드 문제에 대처할 수 있는 자신감의 원천이 되어야 한다. 사드가 25년간 쌓아온 한중관계의 공든 탑을 요격하게 두어서는 안 되지 않겠는가?

  사드 배치를 유보하거나 철회하면 한국이 이후에도 중국에
게 질질 끌려 다닐 것이라는 주장 역시 근거가 희박하다. 오히
려 우리가 중국의 입장을 배려한 측면이 있기 때문에, 우리의
발언권이 강해질 수 있다. 중국에게 사드 보복 조치를 중단하
라는 근거가 될 수 있을 뿐만 아니라, 북핵 대처 및 해결에서도
중국의 강력하고도 건설적인 역할을 요구하는 지렛대가 될 수
있다. 이명박-박근혜 9년간 한중관계가 악화된 결정적 이유는
김대중-노무현 시기에 북핵 해결을 위해 맞잡았던 손을 풀고
서로 삿대질하는 사이가 되었다는 데에 있다. 이제 다시 북핵
해결을 위해 손을 잡아야 할 시기이다. 이게 미국과 일본을 포
함한 모든 나라에게 이로운 것이다. 그 출발점은 바로 사드 철
회에 있다.

16. 미중 싸움에 한국 등 터진다고?

오늘날 한국의 신세를 구한말과 비교하는 게 유행이다. 사드 대란이 딱 이에 해당된다. 구한말 조정과 탐관오리의 패악질이 극에 달하자 참다못한 농민들이 들고 일어났다. 바로 1894년 갑오농민항쟁이다. 조선왕조는 이를 자체적으로 해결하려고 노력하지 않고 청나라를 끌어들였다. 그러자 일본도 텐진조약을 앞세워 조선에 파병했다. 일본군은 압도적인 무력을 앞세워 조선 농민들을 잔인하게 진압했고 곧 총구를 청나라 군대로 돌렸다. 그 결과 조선 땅은 청나라와 일본 두 외세의 전쟁터가 되고 말았다.

박근혜 정부는 북핵 해결을 위해 실질적인 노력도 하지 않은 채, 그 위협을 이유로 미국의 사드를 불러들였다. 그러자 중국은 사드는 자신을 겨냥한 것이라며 유사시 사드 기지에 정밀 타격을 가하겠다고 위협한다. 이는 혹시라도 미국과 중국이 군사적으로 충돌하면 한국이 미중 싸움의 전쟁터가 될 수 있다는 끔직한 시나리오를 잉태하고 있다. 당장은 경제가 발등의 불이지만 사드가 들어오면 전화戰火까지 걱정해야 할 처지이다.

일단 중국은 사드 배치 시 군사적 대응을 경고해놓고 있다. 2016년 9월 30일 한국 국방부가 사드 부지로 성주 롯데 골프장을 발표하자, 중국은 강력한 대응을 시사했다. 중국의 국방부 대변인은 사드 문제와 관련해 "국가의 전략적 안보와 지역의 전략 균형을 유지하기 위해 필요한 조치를 취할 것"이라며, "중국인은 한 말에 책임을 진다는 걸 강조하고 싶다."고 경고했다. 중국 외교부 대변인 역시 이러한 입장을 거듭 강조하면서 "사드 배치 프로세스를 즉각 중단하기를 강렬하게 촉구한다."고 밝혔다. 그러면서 "(사드 배치 강행 시) 필요한 대응 조치를 취하겠다."는 경고도 빼놓지 않았다. 중국 매체들도 "중미 간의 무력충돌 발생 시 한국의 사드 기지를 1차적으로 타격하게 될 것"이라는 보도를 내놨다.

하지만 미국 국방부는 사드 배치는 북한의 위협 대응용이라며 "중국과 러시아의 전략적 억제에 영향을 주지 않는다."는 입장을 거듭 되풀이하고 있다. 박근혜 정부 역시 마찬가지이다.

그런데 바로 이 지점에서 사활적인 문제가 제기된다. 사드 문제를 둘러싼 한미동맹과 중국 사이의 근본적인 이견이 해소되지 않은 상태에서 사드 배치가 강행되면 어떤 일이 벌어질까? 이 질문은 대한민국의 존망이 걸린 것이라고 해도 과언이 아니다. 성주 사드가 미중 간의 무력 충돌 발생 시 한국을 집어삼킬 수 있는 거대한 '인화물질'이 될 수 있기 때문이다.

그런데 국내에서 이 문제를 둘러싼 제대로 된 검증이나 공론화는 거의 없는 실정이다. 중국의 경고를 공갈·협박으로 치부하거나 한미동맹을 이간질시키기 위한 술책으로 간주하는 목소리만 높을 뿐이다. 하지만 사드 배치가 잉태하고 있는 문제는 우리에게 '존재론적인 위험'으로 연결된다. 이건 성주에 사드가 배치된 상태에서 미중 간의 무력 충돌이 발생할 경우를 떠올려보면, 어렵지 않게 유추해볼 수 있다. 미중 간의 충돌 시 성주 레이더가 대중국용으로 이용되면, 한국은 미국에게 레이더 기지를 제공하는 셈이 된다. 이는 국제법적으로 한국이 중국에 군사적 적대 행위를 하는 것이 되고, 중국은 성주 사드 기지를 타격할 자위적 권리를 갖게 됨을 의미한다.

너무 비관적이고 비현실적인 시나리오를 상정하는 게 아니냐는 반론이 나올 수 있다. 일단 미중 간에 전면전이 발생할 가능성은 극히 낮다고 할 수 있다. 하지만 '동북아 지역 분쟁'은 차원을 달리 한다. 가령 동중국해에서 중일 간의 군사 충돌이 발생하고 미국이 개입하는 시나리오, 혹은 양안 분쟁 발생 시 미국이 개입하는 상황이 발생할 가능성을 배제할 수 없기 때문이다. 이미 미국은 대만관계법에 따라 중국의 대만 공격 시 대만 방어에 나설 뜻을, 미일상호방위조약 해석에 따라 동중국해 영유권 분쟁 시 일본을 지원하겠다는 입장을 분명히 밝혀놓고 있다.

2016년 9월 초에 시진핑 주석이 박근혜 대통령과의 정상회담에서 사드 배치가 "지역 분쟁을 격화시킬 것"이라고 경고한 것은 바로 이러한 맥락과 연결된다. 세계 최강의 공격 능력을 갖춘 미국이 사드 배치를 통해 방어력까지 증강하면 동북아 지역 분쟁 발생 시 군사적으로 개입할 수 있는 가능성은 그만큼 높아진다. 그리고 일본과 대만이 이러한 미국의 힘을 믿고 더 대담하게 나올 가능성이 있다. 더구나 트럼프는 미중관계의 초석이라고 할 수 있는 '하나의 중국' 정책에 대해서도 재검토를 시사하고 있다.

그런데 한국이 이런 상황에서 할 수 있는 역할은 본질적으로 별로 없다. 동중국해 영유권 분쟁이나 양안 사태는 언제든 우리의 의지와 상관없이 벌어질 수 있다. 또한 성주 사드에 대한 작전통제권도 미국 손에 있다. 미중 간의 무력충돌 발생 시 성주 레이더에 대한 군사행동 여부도 중국의 선택에 달려 있다. 사드 배치가 "주권적 선택의 가장 비주권적인 결과를 잉태할 것"이라는 우려도 이러한 맥락에서 나오는 것이다.

이처럼 성주 사드는 미중 간의 무력 충돌 시 한국을 그 한복판으로 불러들이는 초대장이 되고 말 것이다. 강대국 간의 전쟁, 특히 핵 시대에는 3차 세계대전으로 비화될 수 있는 상대방의 영토에 대한 공격보다는 제3지역에서의 '국지전'을 선호하는 경향이 강하다는 것도 잊어서는 안 된다. 사드 배치가 우리에게 존재론적 위험으로 다가올 수 있다는 것도 제3지역이 바로 한국이 될 수 있고, 또한 강대국 간의 국지전이 우리에겐 전면전이 될 수 있기 때문이다.

사드가 초래하는 문제는 전쟁 시에만 국한되는 것이 아니다. 평시에도 우리가 짊어질 부담이 만만치 않다. 중국이 유사시에 대비해 성주 사드에 대한 군사적 대응책을 마련하면, 한국 내에서도 군사적으로 대응해야 할 필요성이 제기될 것이다. 자체적으로 대중 억제력을 구비해야 한다는 주장부터 한미동 맹과 일본과의 안보 협력을 강화해 중국에 맞서야 한다는 주 장에 이르기까지 말이다. 이렇게 되면 25년간의 한중 우호협력 시대는 막을 내리고 적대 관계로 돌변하고 만다.

이러한 우려가 결코 지나치지 않다는 군사적 징후도 발견된 다. 중국 해군은 2016년 9월 28일 홈페이지를 통해 "지난 9월 중 순 황해와 발해만 여러 수역에서 중국의 3개 함대가 모두 참 여한 실전 대항 훈련을 벌였다."고 밝혔다. 중국이 뒤늦게 대규 모 군사 훈련을 공개한 것 자체가 대단히 이례적인 일이었다.* 훈련 내용도 주목할 필요가 있다. 당시 훈련에는 황해와 발해 만 해역을 담당하는 북해함대뿐만 아니라 남중국해를 지키는 남해함대, 동중국해를 맡고 있는 동해함대 등 중국의 3대 함 대가 전부 참여했다. 훈련 규모도 전함 100여척 이상, 전투기 등 군용기 수십 대, 방공·해안방어·전자전 병력 등이 투입된 대규모였다. 이와 관련해 중국해군은 "정찰·경보, 원거리 유도, 정밀 타격과 합동 공격, 다차원 방어 능력 등을 집중 점검했

---

* 〈조선일보〉 2016년 11월 30일.

다."고 밝혔다.

이를 두고 중국의 군사 전문가 리제(李杰)는 "훈련 내용을 보면 사드 배치 이후의 상황에 대비하기 위한 것"이라고 분석했다. 그는 중국군이 9월에 이 훈련을 공개하지 않은 이유에 대해 "한국에 압력을 가하면서도 지나치게 자극하는 것을 피하려 한 것"이라고도 덧붙였다.* 하지만 한국이 11월 19일 사드부지 확보를 토지 맞교환 방식으로 확정하고 23일에는 일본과 군사정보보호협정을 체결하자 공개적인 압박을 선택한 것으로 풀이할 수 있다.

중국 정부는 2017년 연초에도 사드 배치 움직임에 경고성 무력시위에 나섰다. 1월 9일 전략폭격기 6대, 조기경보기 1대, 정찰기 1대 등 10여대의 군용기를 한국방공식별구역(KADIZ)을 가로질러 동해까지 왕복 비행을 시킨 것이다. 그러자 한국도 F-15K 등 전투기 10여대를 긴급 발진시켰다. 이전에도 중국 군용기가 KADIZ를 침범한 적은 있었지만, 이번처럼 무더기로 출

---

* Guo Yuandan and Deng Xiaoci, China reveals holding joint naval drills in September, November 29, 2016,⟨http://www.globaltimes.cn/content/1020779.shtml⟩.

몰한 경우는 처음이다. 중국은 이를 두고 '자체 훈련'이라고 말했지만, 한국 내 사드 배치와 한·미·일 군사협력 강화 움직임에 맞선 무력시위가 아니냐는 분석이 쏟아졌다. 사드 문제를 둘러싼 한중 간의 갈등이 군사적 충돌로 비화되는 것이 아니냐는 우려와 함께 말이다.

17. 사드 철회하면 미국이 보복한다고?

　"사드를 배치하면 중국의 보복이 있을 거란 말씀은 이해하겠는데요. 그럼 거꾸로 사드 배치를 철회하면 미국한테 보복당하는 건 아닌가요?"

　내가 강연에서 자주 받는 질문 가운데 하나이다. 일반 사람들은 물론이고 일부 언론과 전문가, 그리고 야권 일각에서도 나오는 걱정이다. 일단 이건 가정형 질문이기에 확답을 내리긴 어렵다. '어느 일방에 의한 합의 변경이냐, 한미 양국의 합의에 의한 철회이냐'에 따라 달라질 수 있다. '어떤 조건과 환경에서 이뤄지느냐'에 따라서도 영향을 받게 된다. 아울러 정책 변경에는 '유보'에서부터 '철회'에 이르기까지 다양하게 나타날 수 있다.

　후술하겠지만, 트럼프 행정부가 사드 배치 결정을 변경할 가능성도 배제할 수는 없다. 이럴 경우 미국의 보복이나 한미동맹에 미칠 부정적인 영향은 걱정하지 않아도 된다. 한미 양국 정부의 협의에 따라 이런 결과가 나와도 마찬가지이다. 이에 따라 문제는 한국의 차기 정부가 트럼프 행정부의 반대에도 불구하고 사드 배치를 유보하거나 철회하는 결정을 내릴 때 불거질 수 있다. 차기 정부 출범 이전에 사드 배치가 완료되거나 기지 공사가 거의 마무리 되는 경우에는 상황이 더욱 복잡해질 것이다.

결론부터 말하면 한국이 사드 배치 결정을 유보하거나 철회해도 미국에게 보복당할 걱정은 안 해도 된다는 게 나의 생각이다. 먼저 사드 배치 결정은 미국 언론과 국민들의 큰 관심사가 아니라는 점을 이해하는 게 중요하다. 한미 양국의 발표 이후 한국과 중국 언론은 이를 대서특필해왔지만, 미국 언론은 단신으로 취급해왔다. 그래서 미국 국민들은 사드 자체도 잘 모르고, 한국에 이걸 배치하기로 했다는 것도 잘 모른다. 이는 사드 배치 철회 시 미국 여론의 움직임이 중국과는 확연히 다를 것이라는 점을 예고해준다. 중국인들은 한국에 분노를 표하면서 한국산 제품 불매, 한류 거부, 한국 여행 취소 등 다양한 보복 조치를 요구하고 있다. 하지만 한국이 사드 배치를 철회하거나 유보하자고 해서 미국 국민들이 이런 반응을 보일 리는 만무하다. 잘 모르고 또 관심도 그리 크지 않기 때문이다.

다만 아전인수식 해석이 나올 가능성은 있다. 트럼프 행정부는 보호무역주의를 앞세우고 있는데, 이는 한국산 제품에 대한 관세 부과나 한미 FTA 재협상 요구 등으로 이어질 가능성을 예고해준다. 만약 이런 일이 벌어지면 보수 언론이나 정치인들은 한국이 사드 배치 결정을 변경해서 벌어진 일이라고 정치적 공세를 퍼부을 가능성이 있다. 하지만 트럼프의 보호무역주의는 사드 배치 여부와 무관한 일이다. 이걸 연계시키는 것 자체가 '난센스'라는 것이다.

그렇다면 사드 배치 결정 변경 시 한미동맹에는 어떤 영향을 미칠까? 〈동아일보〉는 2017년 1월 초 더불어민주당 의원들이 사드 문제를 협의하기 위해 중국을 방문하는 것을 놓고 "트럼프 측을 자극하고 안보의 근간인 한미동맹을 흔드는 일이 아닐 수 없다."고 비난했다.* 〈조선일보〉 역시 "방중이 효과는 없이 중국에 이용당하고 국내 분열만 크게 만들 수 있다는 우

* 〈동아일보〉 2017년 1월 4일.

려를 하지 않을 수 없다."고 주장했다.* 이를 놓고 볼 때, 한국의 차기 정부가 사드 배치 정책을 변경할 경우 '한미동맹이 무너진다'고 호들갑을 떨 것이 분명해 보인다.

하지만 중국의 사드 반대 입장과 미국의 사드 추진 입장의 경중의 차이가 매우 크다. 중국은 시진핑까지 나서서 여러 차례 강력한 반대 입장을 표명했다. 그만큼 사활적인 문제로 간주하고 있다. 반면 미국 입장에서 사드 배치는 사활적인 문제라기 보기 어렵다. 이러한 분석이 내가 앞서 설명한 것과 모순되는 것 아니냐고 반문할 수는 있다. 나는 한국 내 사드 배치가 미국의 글로벌 미사일방어체제(MD)의 일부이자, 한·미·일 삼각동맹으로 가기 위한 지름길이며, 중국 봉쇄를 겨냥한 미국의 아시아-태평양 재균형 전략의 일환이라고 주장했다. 이런 분석에 따르면 사드 배치는 미국에게 전략적으로 대단히 중요한 것으로 비춰질 수 있다.

그러나 사드 배치는 미국에게 사활적인 문제는 아니다. 그 이유는 간단하다. 지금 당장 사드를 배치하지 않더라도 중국에

---

* 〈조선일보〉 2017년 1월 3일.

대한 미국의 전략적 우위는 확고하기 때문이다. 미국과 중국의 핵 능력 차이는 최소 30배 이상 난다. 그래서 중국에게는 사드 배치가 전략적 균형의 와해로 간주되지만, 사드가 유보되거나 철회되어도 미국이 입게 되는 전략적 손실은 그리 크지 않다. 오히려 사드 배치가 미국의 전략적 손실을 키울 공산이 있다. 즉 중러 간의 전략적 결속을 야기할 것이기 때문이다. 이를 우려해 트럼프 행정부가 사드 배치를 재검토할 가능성도 있다.

문제는 트럼프의 한미동맹 재조정 방침을 사드 문제와 연계시켜 바라보는 시각이 유행할 가능성에 있다. 트럼프는 대선후보 때, 한국이 방위비 분담을 대폭 늘리지 않으면 주한미군 철수도 불사하겠다는 입장을 내놓은 바 있다. 만약 한국의 차기 정부가 사드 배치를 변경하겠다고 밝힌 상황에서 트럼프가 이와 유사한 입장을 밝히면 '사드 철회 때문'이라는 정치 공세가 대대적으로 벌어질 것이다. 이른바 미국의 한반도 전문가의 말을 인용해 '사드 배치가 철회되면 미국 내에서 주한미군 철수 여론도 높아질 것'이라는 협박성 보도도 잇따를 것이다. 그런데 트럼프는 대선후보 당시에도, 사드 배치 발표 '이후'에도 한미동맹을 문제 삼은 바 있다. 둘 사이에 이렇다 할 관계가 없다는 것이다.

한국이 사드 배치 결정을 번복할 경우 한미동맹에 어떤 영향을 미칠지 예단하기는 어렵다. 미국에서 야당이 되는 민주당은 물론이고 사드를 비롯한 MD를 신앙 수준으로 받들어온 공화당 주류의 반발이 나올 수 있다. 강경파 위주로 짜여진 트럼프 행정부의 외교안보팀의 반응도 예측하기 힘들다. '예측불가능성'을 주된 무기로 삼아온 트럼프 본인이 어떻게 나올 지도 알 수 없다.

이와 관련해 여러 가지 불확실성이 존재하지만, 가장 중요한 건 한국이 한미동맹에 대한 심리적 불안감을 갖지 않는 것이라고 할 수 있다. 사드 배치 결정 재검토가 한미동맹의 불안으로 이어질 수 있다는 막연한 불안감이야말로 합리적이고 이성적인 판단을 가로막는 장애물이라고 할 수 있기 때문이다. 이를 위해서는 과거의 사례와 사드에 대한 미국 내의 동향에 대한 냉정한 평가가 선행되어야 한다.

일단 한미 양국 간의 합의가 번복된 경우는 여러 차례 있었다. 1992년 1월 노태우 대통령과 조지 H.W 부시 대통령이 합의했던 '팀 스피릿' 훈련 중단은 9개월 후에 한미 국방장관에 의해 '번복'되었다. 당시 양국이 합의했던 주한미군 3단계 감축

계획도 북핵을 이유로 '번복'되었다. 최근의 대표적인 사례는 전시작전통제권 전환 합의 '번복'이다. 2012년 4월에 받기로 했던 합의는 이명박 정부에 의해 번복되었고, 2015년 12월에 받기로 했던 것도 박근혜 정부에 의해 번복되었다. 물론 일방적인 번복이 아니라 한국의 연기 요청에 미국이 응해준 사례들이다.

미국의 MD 정책이 바뀐 사례들도 여러 차례 있었다. 먼저 1970년 전후의 사례이다. 중국이 1964년 원자폭탄 실험에 이어 66년 탄도미사일 발사 및 이듬해 수소폭탄 실험 등을 연이어 실시하면서 미국 내에서는 '중국위협론'이 맹위를 떨쳤다. 그러자 존슨 행정부는 중국을 '깡패국가'라고 부르면서 MD를 추진키로 했다. 소련과는 무관하다는 주장과 함께 말이다. 중국을 북한으로, 소련을 중국으로 바꿔보면 오늘날 사드에 대한 미국 정부의 화법과 너무나도 닮았다는 것을 알 수 있다.

하지만 뒤이어 집권한 닉슨 행정부는 MD를 사실상 접기로 했다. 소련도 MD 구축에 나섰다는 정보를 입수했고, 소련이 미국의 MD에 대응해 공격 능력을 강화하면 미국의 안보는 오히려 더 불안해질 것임을 깨닫게 된 것이다. 이러한 깨달음은 냉전시대 가장 중요한 합의인 탄도미사일방어(ABM)조약의 탄생으로 이어졌다. 그리고 이는 '냉전(cold war)' 시대를 핵전쟁을 치르지 않고도 무사히 넘길 수 있었던, 그래서 '긴 평화(long peace)'를 가능케 했던 핵심적인 사유로 거론되어왔다. 당시의 MD 정책 변화는 미소 간의 전면적인 군비경쟁에 대한 우려에서 비롯된 것이다.

두 번째 사례는 2000년 빌 클린턴 행정부 때였다. 1993년 취임 이후 MD를 빨리 배치하라는 공화당의 공세에 시달린 클린턴 행정부는 'NMD 3+3' 계획을 타협안으로 제시했다. 1997년부터 3년간 실험평가를 해보고 2000년에 그 결과를 평가해 성능이 확인되면 3년간 실전 배치에 들어간다는 계획이었다. 이에 따라 NMD 문제는 미국 내부는 물론이고 한반도를 포함한 국제정세의 핵심으로 부상했다. 공화당의 공세에 밀린 클린턴 행정부는 러시아에 ABM조약 개정을 타진했지만, 러시아는 이에 응하지 않았다. 그런데 바로 이 시기에 한반도에서 중대한 사건이 발생했다. 분단 이후 최초로 열린 남북정상회담이 바로 그것이었다. 정상회담을 계기로 남북관계가 획기적으로 발전하고 북한에 대한 국제사회의 인식이 크게 달라지면서 북한 위협을 최대 구실로 삼은 MD의 추진력이 크게 저하된 것이다.

　결국 클린턴은 2000년 9월 1일 조지타운대학 연설에서 "우리는 NMD 체제가 제대로 작동할 것이라는 절대적인 확신을 갖게 될 때까지는 (배치를) 추진해서는 안 될 것"이라며 배치 승인을 차기 정권으로 넘기겠다고 발표했다. 이러한 결정은 NMD가 기술적으로 여전히 미진한 부분이 많고, 러시아와 중국은 물론이고 미국의 상당수 동맹국들조차 반발하고 있으며, 남북정상회담을 계기로 '북한 위협론'이 상당 부분 설득력을 잃게 되면서 내려진 것이다. 동시에 클린턴 행정부는 북한과의 고위급 대화에 본격 시동을 걸었다. 남북정상회담을 계기로 남·북·미 3자관계는 황금기를 구가하기 시작한 것이다.

　끝으로 2009년의 일이다. 오바마 행정부의 전임 정부였던 조지. W 부시 행정부는 동유럽 MD를 강하게 추진했다. 폴란드에는 대륙간탄도미사일(ICBM)까지 요격이 가능하다는 지상기반요격미사일(GBI)을, 체코에는 X-밴드레이더를 배치키로 하고 협정까지 체결한 게 핵심이었다. 그러자 러시아는 이들 기지를 향해 미사일을 배치하겠다는 등 강력한 대응을 경고했다.

그런데 뒤이어 집권한 오바마 행정부는 2009년 9월 이런 계획을 전면적으로 재검토했다. 폴란드와 체코 정부의 반발에도 불구하고 GBI와 레이더 배치를 철회하기로 한 것이다. 그러면서 부시 행정부 때 악화된 러시아와의 관계를 재설정(reset)하겠다고 발표했다. 물론 유럽 MD를 완전히 포기한 것은 아니었다. 미국은 GBI 대신에 요격 범위가 좁고 고도가 낮은 'SM-3 기반 MD'로 전환키로 한 것이다. 이러한 정책 변화는 오바마 행정부가 부시 행정부 때 악화된 미러관계를 회복해야 한다는 필요성을 느낀 데에서 비롯됐다.*

이처럼 한미 간의 합의는 결코 불가역적인 것도 최종적인 것도 아니다. 미국의 MD 정책 역시 마찬가지이다. 달라진 상황에 따라, 혹은 어느 일방의 필요에 따라 얼마든지 바뀔 수 있는 것이다. 더구나 사드 배치를 재논의할 미국 측 상대는 이를 결정한 오바마 행정부가 아니라 2017년 1월 20일 취임한 트럼프 행정부이다.

---

* 하지만 유럽형 MD를 둘러싼 갈등은 계속되고 있다. 미국은 이란 핵 합의에도 불구하고 MD를 철회할 계획이 없다고 하고, 이에 러시아가 맞대응을 선택했기 때문이다. 러시아와의 관계를 진짜로 재설정(reset)하겠다고 장담하고 있는 트럼프 행정부 때 어떤 변화가 있을지 주목되는 부분이기도 하다.

한국이 공미증에서 벗어나 좀 더 당당해질 필요도 있다. 기실 사드 배치 발표로 가장 피해를 보고 있는 쪽은 한국이다. 중국의 사드 보복 때문이다. 그런데 사드 배치를 요구하고 그걸 운용할 주체는 미국이다. 이는 사드가 중국과는 무관하다는 점을 중국에게 납득시키고 양해를 구해야 할 1차적인 당사자도 미국이라는 것을 의미한다. 한국은 이 점을 미국에 주지시켜야 한다. 최소한 미중 간의 합의가 있기 전까지 사드 배치를 유보하자고 당당히 요구해야 한다. 그리곤 '협상의 달인'을 자처하는 트럼프에게 북한을 상대로 협상다운 협상을 해보자고 제안해야 한다.

4부
불확실성과 전화위복

사드는 끝난 게임일까? 나는 50대 50으로 본다. 많은 이들은 사드 배치 결정을 되돌릴 수 없는 합의라고 여기지만, 이를 둘러싼 변수들은 넘쳐나고 있다. 트럼프 임기 초반에 북미관계가 어떻게 전개될 지는 아무도 알 수 없다. 박근혜 탄핵과 조기 대선 과정 및 결과도 중대 변수이다. 사드 기지 공사가 시작되더라도 롯데 골프장의 지리적 조건과 해당 지역 주민의 강력한 저항으로 공사 진행도 결코 순탄치 않을 것이다. 트럼프-시진핑-푸틴 등 이른바 '빅 3 스트롱맨'의 담판도 어떻게 전개될지 예측불허이다.

또한 사드 대란은 전화위복의 가능성을 잉태하고 있다. 사드의 실체가 조금씩 알려지면서 이에 반대하거나 유보해야 한다는 여론이 찬성 입장을 넘어서고 있다. 날벼락을 맞은 성주와 김천 주민들의 정치의식도 크게 바뀌고 있다. 사드 배치를 유보하거나 철회하면 중국은 그 어느 때보다 한반도 비핵화를 위해 역량을 집중할 것이다. '사드 가고, 평화 오라'는 구호가 현실이 될 수 있는 것이다.

18. 트럼프는 어떻게 나올까?

일반적인 예상을 깨고 '아웃사이더' 도널드 트럼프가 미국의 45대 대통령으로 당선되면서 미국은 물론이고 세계 질서의 향방도 미지와 불확실성에 휩싸이게 되었다. 그의 외교노선은 '미국 우선주의(America First)'라는 말로 압축할 수 있다. 미국의 역대 정부가 국익을 우선시해왔다는 점은 결코 새로운 것은 아니다. 하지만 트럼프는 자유 민주주의와 시장경제의 확대와 같은 추상적인 가치를 중시하지 않는다. 오히려 군사적 개입을 앞세운 이러한 가치의 확산 시도가 미국의 경제적 부담을 키워왔다고 보고 미국경제, 특히 일자리에 도움이 되느냐의 여부를 국익의 중심에 놓으려고 한다. 이러한 연장선상에서 그의 동맹관도 '돈을 더 내라. 이게 싫으면 미군 철수도 감수하라'는 식의 화법을 즐겨 사용해왔다.

그렇다면 트럼프의 등장은 사드 배치에 어떤 영향을 몰고

올까? 너무나도 많은 변수들이 도사리고 있어 쉽사리 예측하기가 힘들다. 일단 그는 사드를 비롯한 미사일방어체제(MD)의 '회의론자'에 가깝다. 돈은 엄청나게 많이 드는 반면에 그 효용성은 낮다고 보기 때문이다. 하지만 그의 인식과 발언은 언제든 바뀔 수 있다. 더구나 그가 소속된 공화당은 MD '신봉자'들이다. 이에 따라 아웃사이더 트럼프와 공화당 주류의 입장이 어떻게 조율될 것인가가 1차적인 관건이다. 또한 트럼프의 외교안보팀이 강경 성향의 군 장성 중심으로 채워지고 있는 것도 주목된다.

일단 트럼프 본인은 2017년 1월 15일 현재까지 사드 배치와 관련해 직접적으로 언급한 적이 없다. 다만 그가 백악관 국가안전보장회의(NSC) 보좌관으로 지명한 마이클 플린이 "사드 체제 배치를 한미동맹 차원의 올바른 결정으로 평가하고 동맹의 굳건함을 상징하는 것이라는 의견을 피력했다."고 한다. 플린이 공개적으로 한 얘기가 아니라 그와 면담한 한국 국방부 고위 당국자가 국내 언론에 전한 내용이다.* 또한 당시 방미단이 플린에게 사드 배치의 필요성을 강조하자 이에 대해 플린이

---

* 〈연합뉴스〉 2016년 12월 21일.

덕담 수준에서 한 말일 수도 있다. 플린 개인의 발언, 그것도 한국 국방부 당국자가 전언한 걸 두고 트럼프 행정부의 입장을 예단키는 어렵다는 것이다. 다만 트럼프가 속한 공화당과 그의 외교안보팀, 그리고 워싱턴의 싱크탱크들이 사드 배치를 예정대로 해야 한다고 건의할 가능성은 상당히 높다.

그렇지만 최종적인 판단의 몫은 트럼프에게 있다. 그는 숙의와 숙고 과정보다는 즉흥적이고 직관적인 판단을 내리기를 좋아한다. '예측불가능성'과 '위험 불사형 자세'를 자신감의 원천이자 상대방을 압박하는 심리 전술로 삼는 경우도 많다. 또한 워싱턴 싱크탱크와 주류 언론을 비롯한 '기득권 세력 (establishment)'의 권고를 쓰레기 취급하는 경우도 흔히 볼 수 있다. 이에 따라 사드 문제에 대한 그의 판단은 종잡기 어렵다.

'미국 밖' 스피커들도 많고 또 다르다는 것도 주목할 필요가 있다. 먼저 한국이다. 사드 배치가 '한미동맹 차원의 결정'이라고 하는 만큼 한국 정부의 입장이 중요하다. '박근혜 없는 박근혜 정부'는 트럼프에게 사드 배치를 강력히 요구하고 있다. 하지만 곧 들어설 '박근혜 이후의 한국 정부'는 사드 배치를 재검토하자고 요구하는 정권이 들어설 가능성이 높다.

그런데 일단 사드 배치는 트럼프의 동맹관과 '엇박자'가 난다. 사드 배치는 해외 군사력을 줄이려는 그의 동맹 재조정 방침과 어울리지 않는다. 또한 한국에 배치하려는 사드는 미국이 이미 구매해놓은 것을 갖다놓겠다는 것이다. 트럼프로서는 '왜 우리 돈으로 산 걸 한국에 배치하려고 하느냐'는 반문을 가질 수도 있는 것이다. 이에 따라 트럼프는 사드 배치 결정 시 한국에게 상응하는 금전적 조치를 요구할 가능성이 크다. 한국이 사서 배치하라고 할 수도 있고, 최소한 '1+1', 즉 하나는 미국이 배치하고 하나는 한국이 구매하라고 요구할 수도 있다. 방위비 분담금이나 한국 국방비의 대폭적인 인상을 요구하는 압박 카드로도 쓸 수 있고, 사드 기지 운영유지비를 방위비 분담금과는 별도로 내라고 요구할 수도 있다. 외교안보 사안들뿐만 아니라 한미 FTA 재협상 등 양국의 무역 관계에서도 사드를 압박 수단으로 삼을 수도 있다.

한반도 북쪽에 있는 김정은 국무위원장도 빼놓을 수 없는 스피커이다. 양국이 트럼프의 임기 초반부터 대화를 선택해 성과가 나오면 사드 배치의 시급성은 떨어지겠지만, 그 반대의 경우도 얼마든지 가능하다. 일단 양측의 신경전은 벌어졌다. 김정은은 신년사에서 "대륙간 탄도로켓(ICBM) 시험발사 준비 사업이 마감 단계에 이르렀다."고 주장했다. 그러자 트럼프는 트위터에 "그런 일은 없을 것!"이라고 응수했다. 트럼프가 북한의 ICBM 보유 시도를 '금지선(red line)'으로 밝힌 셈이다. 북핵에 대한 전통적인 공화당의 접근법은 사드를 비롯한 MD 강화였다. 그런데 트럼프는 이질적인 접근도 마다하지 않는다. 그가 사드를 선택할지, 북한과의 대담한 협상을 선택할지 예단키 힘든 까닭이다.

사드 문제와 관련해 남북한도 중요하지만, 트럼프에게 가장 큰 영향을 미칠 스피커는 중국의 시진핑 주석과 러시아의 블라디미르 푸틴 대통령이라고 할 수 있다. 일단 두 사람 모두 사드 반대론자들이다. 그런데 트럼프의 귀에는 시진핑의 반대는 귀찮은 소리로, 푸틴의 얘기는 귀담아들을 소리로 들릴 가능성이 높다. 트럼프가 반중·친러 행보를 보여 왔기 때문이다.

먼저 트럼프 당선 이후 미중 간의 신경전을 살펴보자. 중국은 트럼프 당선 직후 "사드 배치 여부는 미중관계의 정치적 풍향계가 될 것"이라며 추파를 던졌다. 그런데 트럼프는 예상치 못한 문제로 중국을 자극했다. 중국의 추파에 차이잉원(蔡英文) 대만 총통과 전화통화로 응수한 것이다. 미국 대통령이나 당선

인이 대만 총통과 통화한 건 미국·대만 단교 37년 만에 처음이었다. 파문이 일자, "축하 전화를 받은 걸 가지고 왜 호들갑이냐."는 반응으로 무마하려고 했다. 그런데 12월 11일 〈폭스뉴스〉와의 인터뷰에선 한술 더 떴다. "'하나의 중국' 정책이 뭔지 이해하고 있지만, 무역을 포함한 여러 가지와 관련해서 중국과 협상하지 않는다면 '하나의 중국' 정책에 우리가 왜 얽매여야 하는지 모르겠다."며 미중관계의 금기를 건드린 것이다.

트럼프가 '하나의 중국' 정책에 대한 재검토를 시사한 속셈은 다음 발언에서 확인할 수 있다. "우리는 중국의 통화 평가 절하로 심각한 피해를 입었다. 우리는 관세를 부과하지 않는데 중국은 우리에게 무거운 관세를 부과한다. 남중국해에서는 거대한 요새를 쌓았다. 솔직히 중국은 북한 문제에서 우리를 돕지 않는다." 즉, 중국이 가장 민감하게 여기는 대만 문제를 무역 불균형, 남중국해, 북핵 문제 등에서 중국의 양보를 이끌어내는 지렛대로 삼겠다는 의지를 밝힌 것이다. 이는 곧 중국이 사드 배치에 대해 민감하게 반응할수록 트럼프는 이에 아랑곳하지 않거나 사드 배치를 다른 사안에서 중국의 양보를 이끌어낼 지렛대로 삼을 가능성을 예고해준다.

다음으로 예상되는 트럼프와 푸틴의 밀월관계가 사드 배치에 미칠 영향을 따져보자. 트럼프는 대선 유세 때 "지금 미국·러시아 관계는 냉전 이후로 가장 위험한 상황에 처해 있다."며, "내가 11월 8일에 승리하면 취임 전에 푸틴을 만날 수도 있을 것 같다."고 말한 바 있다. 그 만큼 푸틴에 대해 호감을 갖고 있고 또한 그와의 관계를 중시한다. 기본적으로 러시아를 경쟁자보다는 파트너로 간주하고 있는 것이다. 푸틴 역시 트럼프를 배려하는 모양새를 보여줌으로써 초기 '케미'를 성공적으로 일으켰다. 푸틴은 오바마 행정부가 러시아의 해킹 의혹에 대해 주미 러시아 외교관을 추방했음에도 불구하고 "미국 외교관을 맞추방하지 않을 것"이라고 밝혔다. 그러자 트럼프는 트위터에 "푸틴이 훌륭한 결정을 했다."며 "나는 그가 매우 똑똑하다는 사실을 언제나 알고 있었다."고 격찬했다.

이처럼 트럼프 시대에 미러관계가 '신냉전'이 아니라 '신밀월'로 향할 가능성이 커지면서 사드 배치 문제에도 적지 않은 영향을 미칠 전망이다. 푸틴이 트럼프에게 한국 내 사드 배치를 재고해달라고 요구할 것이 확실시되고, 푸틴과 개인적 유대를 맺고 싶어하는 트럼프도 이를 무시할 수만은 없을 것이기 때문이다.

19. 시진핑과 푸틴은 어떻게 나올까?

주지하다시피 중국과 러시아는 한국 내 사드 배치가 공론화된 2014년부터 일관되고도 강력하게 반대 입장을 표명해왔다. 이들 나라는 개별적으로뿐만 아니라 시진핑과 푸틴이 여러 차례 공동성명을 통해 사드 반대 입장을 천명할 정도로 중대 사안으로 간주해왔다. 이러한 연장선상에서 중국과 러시아는 트럼프의 미국을 상대로 담판을 지으려고 할 것이다.

중국은 이미 트럼프 당선자에게 메시지를 보낸 상태이다. 2016년 11월 17일자 〈로이터〉 통신은 중국 시진핑 주석과 긴밀한 관계에 있는 소식통을 인용해 "도널드 트럼프 당선자가 한국 내 사드 배치를 계속 추진할 것인가의 여부야말로 트럼프가 중국과의 정치적 관계를 어떻게 풀어갈 것인가를 판단할 핵심 지표가 될 것"이라고 보도했다. 이와 관련해 익명을 요청한 중국 측 인사는 "사드 배치 여부는 (미중관계의) 정치적 풍향계가 될 것"이라고 말했다. 이러한 보도는 사드 문제를 둘러싸고 미중 간의 신경전이 치열하게 전개될 것임을 예고해준다.

그렇다면 중국과 러시아는 미국의 사드 결정을 바꾸기 위해 어떤 방법을 동원하게 될까? 먼저 이들 나라는 북한의 5차 핵실험 이후 82일 만에 채택된 유엔안전보장이사회 대북결의 2321호의 이행 문제를 사드 문제와 연계시킬 것이다. 한국 내 사드 배치가 한반도와 동북아의 긴장을 고조시키고 대화와 협상을 통한 북핵 문제 해결도 저해한다는 이유를 들면서 말이다. 동시에 미국이 중국 및 러시아와의 관계를 재설정하기 위해서는 사드 배치 결정을 취소하거나 최소한 유보해야 한다며 트럼프를 설득하는 작업도 병행할 것이다. 특히 시진핑은 트럼프와 푸틴의 유대 관계를 자신의 입장을 투영시키는 기회로 삼을 것이다. 시진핑 독자적으로는 미국을 설득하는 데에 한계가 있겠지만, 푸틴과 손을 잡으면 사드 배치 철회와 북한과의 대화 재개에 유리한 환경을 만들 수 있다고 여길 것이기 때문이다.

트럼프를 설득하는 게 여의치 않다면 압박도 강화할 것이다. 압박의 방향은 이미 대략 나와 있다. 시진핑과 푸틴은 2016년

6월 25일 '세계의 전략적 안정을 강화하는 것에 관한 공동성명'에서 사드 배치 강행 시 "양국이 전략적 협력을 강화하는 것으로 맞설 것"임을 경고해둔 상태이다. 중국의 경고는 더욱 직설적이다. 시진핑은 2016년 3월 31일 오바마를 만난 자리에서 사드 배치는 "다른 이(중국)에게도 해가 될 뿐만 아니라 자신(미국)에게도 해가 될 것"이라고 경고했다. 중국 공산당 기관지인 〈인민일보〉는 8월 3일자 사설을 통해 "만약 미국과 한국이 자기만의 옹고집을 부린다면 중러는 미국과 한국이 전혀 생각하지도 못한 방식으로 또 감당할 수 없을 정도의 대비 조치를 내놓을 것"이라고 경고했다.

결국 압박의 방향은 미국으로 하여금 전략적 계산을 달리하게 만드는 데에 초점이 맞춰질 전망이다. 중국과 러시아는 핵 강대국이자 유엔안보리 상임이사국이다. 그래서 둘이 손을 잡으면 미국을 곤혹스럽게 할 수 있는 일이 한두 가지가 아니다. 당장 사드 배치 발표 이후 두 나라는 북한의 핵실험이나 탄도미사일 시험발사에 대한 대응을 확연히 '톤다운'시켰다. 또한 사드를 비롯한 미국 주도의 MD를 견제하기 위해 합동 군사훈련의 보폭도 넓히고 있다. MD를 무력화하기 위한 훈련도 하고, 자신들도 MD를 만들겠다는 움직임도 가시화하고 있다.

가장 결정적인 비수比首는 양국 사이의 전략무기 개발·협력이 될 것이다. 러시아는 냉전 시대부터 MD를 무력화시킬 수 있는 다양한 전략무기를 개발해왔다. 중국도 이 분야에 투자를 늘려왔지만 러시아의 기술력에는 미치지 못한다. 그래서 전략무기 협력은 러시아의 '기술'과 중국의 '돈' 사이의 융합이 될 공산이 크다. 이와 관련해 중국의 동북아 전문가인 스인홍 런민대 교수는 "중국과 러시아의 전략적 군사력 협력이 놀라운 속도로 진전되고 있다."며 "중국으로 러시아의 첨단 군사장비 기술이 유입되는 동시에 중국과 러시아가 공동으로 벌이는 군사작전을 보면 '준 군사동맹'에 이르렀다고 볼 수 있을 정도"라고 말했다.*

전략무기 개발·협력은 다방면에 걸쳐 진행될 수 있다. 진짜 탄두와 가짜 탄두를 섞어 식별을 어렵게 하는 '교란체', 여러 개의 탄두가 중간에 각도를 바꿔 각기 다른 목표물을 향해 떨어지는 'MIRV', 현존 MD를 무력화시킬 수 있는 '극초음속 비행체(hypersonic vehicle)', MD 등 현대 군사기술이 절대적으로 의존하는 위성 파괴용 무기 등이 이에 해당된다.

---

* 〈연합뉴스〉 2016년, 9월 22일.

또한 사드 배치 강행은 중국의 핵전략에도 큰 변화를 야기할 수 있다. 중국은 사드에 맞서 전략적 균형, 즉 2차 공격 유지를 위해 핵미사일을 늘리고 핵 선제 불사용 정책에 대해 모호한 태도로 돌아설 수 있다. 가령 중국이 핵탄두와 탄도미사일을 분리해놓은 상태에서 '경보 즉시 발사'가 가능한 상태로만 바꿔도 미국을 긴장시킬 수 있다. 현재 미국을 겨냥해 이 태세를 유지하고 있는 나라는 러시아밖에 없다. 그런데 중국이 여기에 가세하면 미국의 전략적 취약성은 높아질 수밖에 없다.

이와 관련해 중국 〈인민일보〉 자매지인 〈환구시보〉 영문판의 사설도 주목된다. 이 매체는 "중국도 미사일 방어시스템을 향상시키는 한편", "더 중요하게는 사드를 압도할 수 있는 미사일의 침투 능력을 획기적으로 증강시켜야 한다."고 주장했다. 또한 중국이 세계 2위의 경제대국임에도 불구하고 "2류 핵보유국으로 남아 있다."며, 이것이 "미국의 강경파들이 중국에 강하게 나오는 이유"라고 주장했다.* 앞서 소개한 스인홍 역시 "사드 한국 배치 결정은 미국에 대항한 중국의 전략적 억제 역량에 큰 타격을 준다는 것이 중국의 확고한 인식"이라며 "중국은

---

* 참조 〈http://www.globaltimes.cn/content/1020755.shtml〉.

아마도 전략적 억제력의 신뢰성을 유지하기 위한 대응으로 '전략적 핵무력'을 더욱 발전시켜야만 할 것이기 때문에 중미 군비경쟁은 필연적으로 새로운 차원이 추가될 것"이라고 전망했다.

물론 중국과 러시아가 미국의 결정을 번복시키기 위해 어느 수위까지 압박을 가하고 실패 시 실제 행동으로 나설 지는 예단하기 어렵다. 사드 이외에도 이들 나라 사이의 현안은 많고 또한 미국과의 전략적 경쟁이 본격화되는 것 역시 부담이 될 수 있기 때문이다. 하지만 중국과 러시아가 사드를 '전략적 균형의 와해'와 '핵심 이익'으로 간주한 만큼, 미국의 결정을 바꾸기 위한 시도는 분명히 있을 것이다.

만약 중러 간의 대미 설득과 압박이 강해지면, 트럼프 행정부로서도 근본적인 질문에 봉착하게 될 것이다. 시진핑과 푸틴은 트럼프에게 "중러 결속을 감수할 정도로 사드 배치는 시급하고 중대한 것인가?"라는 질문을 던질 게 확실하다. 이에 따라 트럼프도 사드 배치를 '재고'할 수밖에 없게 될 것이다. 트럼프에게 사드는 중국을 압박하는 카드가 될 수 있지만, 러시아와의 관계를 회복하는 데에는 장애물이 될 수 있기 때문이다. 더 중요하게는 사드 배치는 러시아와의 관계 강화를 통해 중국을 견제하려는 트럼프의 전략적 셈법과 충돌한다. 이런 사정을 종합해보면, 트럼프가 사드 배치에 어떤 결정을 내릴지는 예단하기 어렵다.

20. 한국 대선 주자들의 사드 입장은?

박근혜 탄핵과 조기 대선이 불가피해지면서 한국 대선 주자들의 사드에 관한 입장도 초미의 관심을 모으고 있다. 당초 대선은 2017년 12월로 예정되어 있었고, 한미 양국은 사드 배치를 12월로 잡고 있었다. 시기적으로 차기 정부가 사드 배치에 제동을 거는 게 녹록치 않았던 것이다. 하지만 2017년 대선은 12월이 아니라 6월 이내에 실시될 가능성이 높아졌다. 또한 차기 대통령의 임기는 약 2개월간의 인수위원회 기간을 거치지 않고 당선 다음날부터 시작된다. 사드에 대응할 여력이 생긴 것이다.

이를 의식한 탓인지 황교안 대통령 권한대행 체제는 사드 배치에 속도를 높이려고 한다. 이와 관련해 국방부의 한 관계자는 "경북 성주 골프장은 전기와 수도, 진입로 등 기반 시설이 다 갖춰져 있고 새로 건설이 필요한 시설도 많지 않아 시설 건설에 많은 시간이 필요하지는 않을 것"이라며 "2017년 5월 이전에 사드 배치를 완료할 방침"이라고 밝혔다.* 국방부가 2016년 7월 8일 사드 배치를 발표하면서 제시한 시점인 12월보다 무려 7개월이나 앞당겨진 것이다.

조기 대선과 사드 조기 배치 추진이 맞물리면서 사드 문제는 대선의 핵심 이슈로 부상하게 되었다. 괴멸 상태에 빠진 보수진영은 사드를 고리로 삼아 탄핵 정국을 안보 정국으로 변질시키고 보수층의 재결집을 시도하려고 한다. 반면 야권의 유력한 대선후보들은 사드 문제를 가급적 피하려고 한다. 오락가락하는 모습을 보이는 후보들도 있다. 보수언론은 대선후보의 자질 검증의 핵심 잣대로 사드에 대한 입장을 묻겠다고 벼르고 있다.

그렇다면 대선후보들은 사드에 대해 어떤 생각과 입장을 갖고 있는 것일까? 1월 15일까지 주요 후보들을 중심으로 살펴보고자 한다. 다만 사드를 둘러싼 변수가 많고 조건과 환경에 따라 후보들의 입장도 달라질 수 있는 만큼 아래에 소개할 내용

---

* 〈연합뉴스〉 2016년 12월 12일.

이 확정적인 것은 아니다.

먼저 1위를 달리고 있는 문제인 민주당 전 대표이다. 그는 2016년 7월 사드 배치가 결정된 직후 "국익의 관점에서 볼 때 득보다 실이 더 많은 결정"이라며 재검토를 요구했다. 그리고 10월 9일에는 '사드 문제에 대한 제안'을 통해 비교적 구체적인 입장을 밝혔다. 두 가지 제안을 제시했는데, 하나는 "사드 배치를 위한 제반 절차를 잠정적으로 중단하고, 북핵을 완전히 폐기시키기 위한 외교적 노력을 다시 하자는 것"이다. 또 하나는 "국회의 비준동의"이다. 그런데 국방부는 국회 비준동의를 피하기 위해 롯데 골프장을 매입 방식이 아니라 남양주 국방부 소유지를 롯데 측과 맞바꾸는 방식을 취했다. 국회 비준동의는 일단 물 건너간 셈이다. 다만 문재인이 대통령이 되어 사드 배치를 최종 결정하려고 할 경우에 국회 비준동의 문제는 다시 불거질 수 있다.

그는 또한 12월 15일 외신기자클럽 간담회에서 "국회에서 탄핵이 가결, 박근혜 대통령의 직무가 정지되고 국무총리가 권한을 대행하는 상황에서 사드를 강행하는 건 적절치 못하다."며 "차기 정부에서 충분한 공론화와 외교적 노력을 하면서 합리적 결정을 내리는 게 타당하다."고 밝혔다. "다음 정부로 사드 배치에 대한 진행을 미루는 것이 옳다."는 것이다. 이를 통해 알 수 있듯이 문재인의 기본 입장은 사드 배치에 대한 찬반 입장을 명확히 밝히지 않으면서, 잠정 중단하고 차기 정부로 이관하는 게 바람직하다는 것으로 정리할 수 있다. 그가 1월 15일 "사드 배치를 그대로 강행하겠다거나 반대로 사드 배치 결정을 취소하겠다거나 하는, 어떤 방침을 갖고 요구하는 건 아니다"라고 말한 것 역시 이러한 분석을 뒷받침해준다.

문재인이 이런 입장을 보이고 있는 데에는 사드의 문제점은 인식하면서도 한미관계의 중요성도 동시에 고려하기 때문이라고 할 수 있다. 그는 "이제 와서 정부가 동맹국인 미국과 한 합의를 번복하기도 쉽지 않을 것"이라고 밝히기도 했고, 트럼프 당선 직후에는 "한미동맹은 동북아 안정과 한반도 안보에 가장 중요한 자산"이며, "트럼프 행정부와 함께 한미동맹을 더 굳건하게 발전시켜나가야 할 것"이라고 말했다. 1월 15일자 〈뉴시스〉와의 인터뷰에선 "사드 배치 결정을 취소한다는 방침을 가지고 다음 정부로 넘기라는 것이 아니다. 한미 간 이미 합의가 이뤄진 것을 그렇게 쉽게 취소할 수 있다고 생각하지 않는다."고 말하기도 했다. 이에 따라 대선 유세 및 집권 시 사드 재검토와 한미동맹 발전 입장이 어떻게 조율될지 주목된다.

문재인의 사드 대안론 역시 주목할 필요가 있다. 그는 12월 26일 '강한 안보, 튼튼한 대한민국'이라는 주제의 연설에서 "북한의 도발을 막을 준비가 돼 있다."며 대책을 내놓았다. "한미 확장억지력을 구축하고 북한을 압도할 독자적 핵심전략을 구축하겠다."며 "한국형 미사일방어체제(KAMD)와 북한 핵에 대한 초전대응 능력인 킬 체인을 앞당기겠다."고 밝혔다. 사드를 언급하지는 않았지만, KAMD와 공격력 강화를 통해 북핵에 대처하겠다는 의미이다.

지지율 2위를 달리고 있는 반기문 전 유엔 사무총장은 1월 12일 귀국길에 사드 배치 지지를 밝혔다. 그는 〈중앙일보〉와의 인터뷰에서 "사드 문제는 북핵 문제가 없었다면 나오지 않았을 것"이라며, "경제정책은 수정도 할 수 있지만 안보는 한 번 당하면 두 번째가 안 된다."고 했다. "그런 면에서 (한미 양국이) 사드 배치에 합의한 것이고, 나는 지지한다. 한미동맹이 가장 중요한 방위 축인데 한미 간 합의된 것을 문제가 있다고 다시 (논의)한다는 것은 바람직스럽지 않다"고 했다. 한미 간의 사드 배치 합의를 지켜야 한다는 취지이다.

반기문은 중국의 압박과 보복과 관련해선 "그건 외교로 해결할 수 있다."고 주장했다. "한중관계가 워낙 중요한데 한국에만 중요한 게 아니라 중국에도 중요하다"며, "중국이 지금 일시적으로 그런 반응을 보이고 있는데, 만약 사드가 필요 없는 상황을 만들었다면 제일 좋은 것"이라고 덧붙였다. 사드 배치를 초래한 북핵 문제 악화에 중국의 책임이 크다는 인식을 내비친 것이다. 그는 1월 15일에도 "한반도 현실이 거의 준準전시 같은 상황이기 때문에, 정부가 그런 조치(사드 배치)를 취한 것은 마땅하다."고도 했다.

3위인 이재명 성남시장은 대표적인 사드 반대론자이다. 그는 사드 문제가 불거진 이후 줄곧 반대 입장을 분명히 했다. 주요 대선후보들 가운데 유일하게 성주 촛불집회에 참여하기도 했다. 하지만 12월 20일자 〈중앙일보〉와의 인터뷰에서 "미국과 협의가 된 사안이니 일방적인 폐기는 불가능하고 무책임하다."며, "KAMD 완성 시까지 시한부 배치 방안을 고려해야 한다."고 말했다. 이 발언만 놓고 보면 "사드 배치를 반대한다."는 그의 평소 지론과는 거리가 있어 보인다.

그는 논란이 커지자 페이스북에 해명글을 올렸다. "중앙일보 기사는 사드설치가 끝난 후의 현실적 대책에 관한 이야기"라며, "사드는 철회되어야 하며, 차기 정부로 넘긴 후 재검토를 하는 것"이라는 점을 재차 강조했다. 동시에 "현 정부의 거부로 실제 설치된 후라면 한미관계의 특성상 일방적 폐기가 어려우니, 미국과의 협의를 통해 1)단기적으로는 훈련 시 및 필요시에 한해 이동배치하고 2)장기적으로 KAMD(한국형 미사일 방어체제)가 완성되면 철수하는 것이 맞다."고 주장했다. 그는 1월 4일자 〈경향신문〉과의 인터뷰에서도 '대선 전 사드 배치가 이뤄지면 어떻게 할 건가'라는 질문에, "철수시켜야지. 원래 사드라는 게 고정배치용이 아니라 이동배치용이니까 훈련 때나 위기 시에만 배치하자, 그것을 설득해야 한다."고 답했다.

가장 입장 변화가 큰 후보는 국민의당의 안철수 의원이다. 그는 한미 양국의 사드 발표 직후 〈신동아〉 8월호와의 인터뷰에서 "사드 배치 문제가 이념논쟁으로 흐르면 절대 안 된다."며, 철저하게 국익의 관점에서 판단해야 한다고 주장했다. 그러면서 "국방안보, 외교안보, 경제안보 등 여러 안보가 있는데, 국방안보만 놓고 보자면 (사드 배치는) 얻는 게 있다. 그러나 다른 안보는 약화된다."며 국회의 동의 필요성을 강조했다. 8월 15일 광복절에는 "사드 배치는 얻는 것보다 잃는 것이 더 많다고 판단된다."며 비판적 입장을 드러내기도 했다.

그런데 시간이 지나면서 모호한 입장으로 돌아섰다. 9월 16일
자 〈조선일보〉와의 인터뷰에서 "(사드를) 핵 개발을 거듭하고
있는 북한 제재에 중국을 끌어들이기 위한 도구로 써야 한다."
며, "중국이 대북 제재를 거부한다면 자위적 조치로서 사드 배
치에 명분이 생기는 것"이라고 했다. 반면 "중국이 대북 제재
에 협조한다면 사드 배치를 철회하는 수순"을 밟으면 된다고
덧붙였다. 일종의 '조건부 사드론'을 제시한 것이다. 1월 5일
자 〈경향신문〉과의 인터뷰에선 이렇게 말했다. "첫째, 모든 것
을 국익 관점에서 바라봐야 한다는 거다. 둘째, 정부 간 맺은
협약이 있다면 다음 정부에서 무조건 뒤집는 건 힘들다. 사드
문제도 이 두 가지 기준을 놓고 봐야 한다. 사드를 한반도에 배
치하겠다고 이미 미국 정부와 약속을 했다. 그러면 그 다음 정
부에서 그냥 뒤집을 수 없다. 상황은 앞으로 많이 바뀔 거다.
미국에서 트럼프가 대통령에 취임하면 미중관계가 서서히 정
립될 거다. 그 때 최선의 판단을 해야 하는 상황이다."

박원순 서울 시장은 사드 반대 및 철회에 대해 일관된 입장
을 밝혀왔다. 반면 안희정 충남지사는 사실상 사드 수용 의사

를 밝혀 주목을 끌었다. 그는 1월 13일 페이스북을 통해 개인 적으로는 "사드에 동의하지 않는다."면서도 "이제 와서 뒤집는 다는 건 쉽지 않다."며, "전통적 한미 전략적 동맹관계를 그렇게 쉽게 처리하면 안 된다."고 주장했다. 정의당은 원내 정당 가운데 가장 강력하고도 일관되게 사드 반대 및 철회 입장을 밝혀온 만큼, 대선후보 역시 마찬가지 입장을 피력할 것으로 보인다.

이러한 대선후보의 입장에 대한 나의 평가는 이렇다. 먼저 비박이든, 친박이든 보수를 자처하는 인사들의 책임성 결여를 지적하지 않을 수 없다. 이들 가운데 상당수는 사드 논란 초기에 "배치에는 찬성하지만 나의 지역구에 배치하는 것은 반대한다."는 이기적인 행태를 보였다. 특히 유승민은 사드 대구 배치설이 나왔을 때, "대구에 배치하면 수도권 방위를 전혀 못한다."며 반대 입장을 밝혔었다. 하지만 마찬가지로 수도권을 방위하지 못하는 성주로 결정된 이후에는 찬성 입장으로 돌아섰다. 그는 또한 1월 2일자 〈경향신문〉과의 인터뷰에서 "중국이 사드 문제 가지고 경제 보복한다고 해서 우리가 사드를 재검토하거나 폐지해서는 안 된다."며, "경제와 안보가 선택의 문제로 갈 수밖에 없을 때는 안보다."라고 말했다. 경제적 피해로 시름에 잠긴 국민들은 속출하고 있는데, 이에 아랑곳하지 않게 사드 배치를 밀어붙여야 한다는 것이다. 그런데 그는 사드가 왜 북핵 방어에 효과가 있는지에 대해서는 설명을 내놓지 못하고 있다.

보수 정당들이 공들이고 있는 반기문의 입장은 더욱 큰 문제가 있다. 기실 46년간 외교관으로 있었던 그는 사드를 비롯한 MD 문제의 민감성을 잘 알 수 있는 위치에 있었다. 반기문 개인적으로도 아픈(?) 기억이 있었다. 한국 외교의 최대 참사 가운데 하나인 'ABM 약 파동'이 바로 그것이다. 2001년 2월 한러 정상회담 성명에 "ABM조약이 전략적 안정의 초석이며 이를 보존·강화"한다는 내용이 담기면서 사달이 벌어진 것이다. ABM조약은 사실상 MD를 금지한 조약이었던 반면에, 당시 미국의 부시 행정부는 MD 구축에 사활을 걸고 있었다. 그런데 김대중 정부가 이 조약에 대한 지지 입장을 밝히면서 부시 행정부에 반기를 든 모양새가 된 것이다. 이로 인해 한미관계는 격랑에 휩싸였고 주무 부처인 외교부의 장·차관은 경질됐다. 그런데 당시 외교부 차관이 반기문이었다.

주목할 것은 ABM조약 파동은 김대중 정부의 무지에서 비롯되었다는 점이다. 즉, ABM조약이 미러관계에 얼마나 민감한 문제였는지 제대로 파악하지 못하고 있었다는 것이다. 당시 미국은 MD 구축을 위해서는 ABM조약 파기가 필요하다고 보고 기회만 노리고 있었다. 반면 러시아는 이에 대해 강력히 반대하고 있었다.* 외교부 장·차관이 경질된 결정적인 이유도 이를 제대로 챙기지 못했기 때문이었다. 이는 거꾸로 반기문이 MD의 민감성을 체득할 수 있었던 기회였다. 더구나 그는 이후에 청와대 외교보좌관과 외교부장관, 그리고 유엔 사무총장으로 재직하면서 풍부한 외교적 경험을 했다. 여기에는 MD가 유엔의 핵심 정신인 국제 평화 유지와 군축에 미치는 부정적인 영향도 포함된다. 그런데 그는 중국과 러시아가 전략적 균형의 와해로 간주하는 사드 배치에 서둘러 찬성하고 말았다. '안보는 사드가 지키고 중국과의 외교 문제는 내가 풀겠다'는 식의 태도를 보이면서 말이다.

야권의 유력 후보들에게도 허점이 보인다. 먼저 상당수 후보들은 한미 정부 간에 합의된 사안이라는 점에서 이를 번복하기 힘들다고 전제한다. 그런데 이런 인식에 매몰되면 말이 씨

---

* 기회를 엿보던 부시 행정부는 9.11 테러 3개월 후에 ABM조약 파기를 선언했고, 이로 인해 2002년 6월 이 조약은 역사의 뒤안길로 사라졌다.

가 될 가능성이 더 커진다는 문제점이 있다. 집권 후에 국내 보수 세력에게 빌미를 제공할 뿐만 아니라 트럼프 행정부가 "당신도 합의를 뒤집기 힘들다고 하지 않았느냐?"고 반문할 경우 궁색해질 수 있기 때문이다. 따라서 이런 식의 입장보다는 "트럼프 행정부와의 긴밀하고도 진솔한 협의를 거쳐 사드 배치를 재검토하겠다."는 입장을 밝히는 것이 더 낫다.

기실 사드 문제는 한국이 미국의 눈치나 볼 사안이 아니다. 오히려 항의라도 해야 할 판이다. 누가 뭐래도 사드의 1차적인 주체는 미국이다. 미국이 만들었고 미국이 한국 배치를 요청했으며 미국이 운용할 '전략 자산'이다. 그래서 사드가 중국 및 러시아와 무관하다는 점을 납득시켜야 할 책임은 미국에 있다. 필요하다면 '사드 및 X-밴드레이더는 절대로 중국과 러시아를 겨냥하지 않겠다'는 요지의 법적 구속력을 갖춘 보장을 제시해서라도 중국과 러시아를 양해시켜야 했다. 그런데 미국은 이러한 시도조차 하지 않았다. 그리고 중국과 러시아의 반발에 따른 피해는 고스란히 한국이 떠안고 있다. 사정이 이렇다면, 대선후보들은 이러한 점을 미국에 설명하면서 재검토를 제안해야 한다. 아울러 사드 배치 결정 이후 나타나고 있는 북핵에 대한 국제적 공조 악화와 중러 간의 전략적 결속의 강화는 한미 양국 모두에게 이익이 안 된다는 점을 납득시키려고 노력해야 한다. 그래서 최소한 사드 배치는 유보하고 9년 동안 중단된 북한과의 대화와 협상을 재개해야 한다고 요구해야 한다.

문재인과 이재명 후보가 KAMD를 사드의 대안처럼 말하는 것 역시 문제가 있다. 문재인은 KAMD와 킬 체인 조기 구축 등을 통해 "북한을 압도할 독자적 핵심전력을 구축하겠다."고 했는데, 이는 북핵 문제 해결 방향과 부합하지 않는다. 한미동맹을 강화하고 한국이 대대적인 군비증강에 나서면서 북한에게 핵을 내려놓으라고 얘기하는 것은 연목구어와 같은 일이 될 것이기 때문이다. 이재명은 사드가 배치되었을 경우 "장기적으로 KAMD가 완성되면 철수하는 것이 맞다."고 했는데, 이 역시 문제가 있다. '영구적인 배치'를 희망하는 미국의 입장과 충돌한다는 점은 차치하더라도, 재정적·기술적으로나 군비경쟁의 특성상 'KAMD 완성'이란 이룰 수 없는 꿈이기 때문이다.

21. 사드 공사가 시작되면?

 사드 기지 공사가 시작되면 어떻게 될까? 원하지 않는 상황이지만 배제할 수 없는 상황이다. 일단 사드 속도를 높이기로 한 정부는 온갖 꼼수를 동원해서 기지 공사를 강행할 것으로 보인다. 국방부는 롯데골프장 일대와 교환지인 남양주 군유지 감정평가를 완료했고, 1월 10일 현재 남은 절차는 ▲국방부와 롯데상사의 토지 교환 계약서 체결 ▲골프장에서 군 기지로의 부지 용도 변경 ▲주한미군에 공여 ▲환경영향평가 실시 ▲기지 공사 개시 등이다.

 그런데 국방부는 소규모환경영향평가 용역 사업을 경쟁 입찰에 부쳐 지난 12월 8일 ㈜가림기술단을 최종 선정한 것으로 드러났다. 이 대목에서도 기지 공사를 서두르겠다는 정부의 의사를 읽을 수 있다. '소규모환경영향평가'는 환경영향평가법상 '전략환경영향평가' 또는 '환경영향평가'보다 절차도 간

소하고 수행 기간도 짧다. 또한 법령상 평가 과정에서 주민 의견 수렴을 하지 않아도 된다고 한다.[*]

　국방부가 '소규모'로 환경영향평가를 실시하려는 것도 문제이다. 2014년 9월에 로버트 워크 미국 국방부 부장관은 "사드는 전략 자산(strategic assets)이다. 이걸 한국으로 이동 배치하는 것은 매우, 매우 중요한 국가적 수준의 결정이다."라고 말한 바 있다. 사드가 '전략 자산'에 해당된다면, 환경영향평가도 '전략환경영향평가' 또는 '환경영향평가'로 하는 게 순리에 맞을 것이다. 그런데 국방부는 사드 배치를 최대한 앞당기기 위해 '소규모'로 퉁치고 넘어가려고 한다. 이렇게 되면 기지 공사도 그만큼 빨라지게 된다.

　하지만 정부의 기대와는 달리 사드 공사가 시작되더라도 그 진행 과정은 결코 순탄치 않을 수밖에 없다. 먼저 사드 부지로 결정된 성주와 그 인근에 있는 김천의 투쟁 열기는 식을 줄 모르고 있다. 현장 투쟁의 주체는 크게 세 단위이다. 성산 포대에서 롯데 골프장으로 변경되었음에도 불구하고 촛불을 계속 밝

---

[*] 〈뉴스민〉 2017년 1월 9일.

히고 있는 성주 투쟁위원회, 롯데 골프장 인근에 있는 김천 투쟁위, 그리고 롯데 골프장 인근에 성지가 있는 원불교가 바로 그들이다. 이들은 3자 연대체를 구성해 공사 강행 시 강력한 저항에 나설 뜻을 분명히 하고 있다. 또한 전국 단위의 대책위와 지역 단위의 여러 연대 단체들 및 인사들도 있다.

부지로 결정된 성주 롯데 골프장의 지리적 특성 및 사드의 재원도 살펴볼 필요가 있다. 1개 사드 포대는 48기의 요격미사일을 장착할 수 있는 6개의 발사 차량과 발사 통제 장치, 그리고 AN/TPY-2레이더 등으로 이뤄진다. 또한 작전병과 기술요원을 합치면 150명 안팎의 인원이 필요하다. 이들 시스템과 인원은 주로 대형 수송기인 C17글로브마스터로 운송된다. 그런데이 수송기의 이착륙을 위해서는 길이 1km와 폭 30m 이상의 평평한 활주로를 확보하고 있어야 한다.

성주 골프장의 지리적 특성상 공사 진행에 상당한 난항이 예상되는 까닭도 바로 여기에 있다. 골프장은 해발 600미터 이상의 산 정상에 위치하고 있고, 현재 출입로는 왕복 4차선 도로가 하나 있다. 출입로와 인근 도로도 대부분 경사가 가파르고 굴곡도 심하다. 한마디로 C17글로브마스터의 이착륙이 불가능하다는 것이다. 이에 따라 주변 공항에 수송기를 착륙시키고 성주 골프장까지 수송해야 한다.

현지 주민들이 도로 곳곳을 막으면서 저항에 나설 경우 사드 배치가 결코 원활하게 진행되지 않을 것이라는 전망은 이러한 특성에 따른 것이다. 더구나 골프장 진입로 바로 왼쪽에는 원불교 성지가 있다는 점도 간과해서는 안 된다. 현지 주민들과 원불교 신도들이 이곳을 투쟁의 최후 거점으로 삼을 경우 공사 진행은 더더욱 어려워질 것이기 때문이다.

이런 상황에서 정부가 공권력을 투입해 공사를 강행하면 물리적 충돌이 발생할 수밖에 없다. 정부가 대선을 앞두고 사드 문제를 최대한 키우기 위해 물리적 충돌을 불사할 가능성도 배제할 수 없다. 2012년 4월 총선과 12월 대선에서 강정마을 해군기지 공사가 핵심 쟁점으로 부상한 것처럼, 사드 후보지 현지에서 충돌이 발생하면 안보 문제가 부각되고 불리한 이슈는 감추는 효과가 있다고 여길 수 있기 때문이다. 또한 보수 정당과 언론은 이에 부화뇌동하거나 심지어 야권 후보를 '종북'이니 '친중 사대주의'니 하면서 색깔론을 펼칠 것이다.

이런 전망이 타당성을 갖는다면 박근혜 이후 '완전히 새로운 대한민국'을 염원하는 국민들과 이를 다짐하는 야권도 보다 능동적이고 적극적인 태도를 보일 필요가 있다. 우선 성주와 김천 주민들이 고립되지 않도록 연대를 강화해야 한다. 투쟁이 장기화되고 있는 만큼 재정적인 기여도 호소하고 싶다. 기실 성주와 김천 주민들은 대한민국 국민 전체를 위해 싸우고 있다. 처음에는 삶의 터전을 지키고자 촛불을 들었지만, 시간이 경과하면서 대한민국의 진짜안보와 경제를 지키는 길이라고 믿고 있다. 그리고 이러한 믿음은 진실이라고 해도 과언이 아니다. 대한민국 국민이라면 마땅히 이들을 응원하고 연대해야 할 까닭이 아닐 수 없다.

야권도 무기력에서 벗어나야 한다. 사드는 시간이 해결해줄 문제도 아니고 피하고 싶어도 피할 수 있는 성격의 문제도 아니다. 가령 정부가 공사를 강행하면 현지 주민들은 결사적으로 이를 막으려고 할 것이다. 이 과정에서 물리적인 충돌도 얼마든지 발생할 수 있다. 이에 대해 국민과 언론은 야권과 대선 후보의 입장과 해결책을 묻게 될 것이다. 대선후보를 비롯한 인사들과 야당들이 어정쩡한 입장을 고수하면 많은 국민들에게는 실망감을, 보수 진영에게는 공세의 빌미를 제공하고 말 것이다.

　모든 상황을 종합해보면, 사드 배치가 대선 이전에 완료될 가능성은 희박하다. 또한 대통령 당선자는 약 70일간의 인수위원회를 거치지 않고 대선 다음날 바로 임기를 시작하게 된다. 차기 정부가 사드 공사를 막을 수 있는 시간과 권한을 갖게 될 가능성이 높다는 것이다. 사정이 이렇다면 대선후보들은 "공사가 시작되더라도 집권 시 바로 중단 조치를 내리겠다."고 선언해야 한다. 설령 사드 배치가 완료되어도 "조기 철수를 목표로 미국과 협의하겠다."고 선언해야 한다.

22. 조건부로 배치하는 건 어떤가?

사드 논란이 격화되면서 '조건부 사드 배치론'도 등장했다. 박근혜 정부를 비롯한 보수 진영에선 '북핵이 해결되면 사드 배치도 필요 없어진다.'는 논리를 제시해왔다. 이와 관련해 박근혜 대통령은 2016년 9월 2일 러시아 및 중국 순방을 앞두고 "북한의 핵 위협이 제거되면 자연스럽게 사드 배치의 필요성도 없어질 것이다."라고 말했다. 이를 두고 언론은 '조건부 사드 배치론'이라고 명명하기도 했다. 사드가 북핵 위협 증대로 필요성이 제기된 만큼 그 위협이 사라지면 그때 가서 철수시키면 된다는 의미이다. 박 대통령으로서는 한국 내 사드 배치를 일관되고도 강력하게 반대해온 중국 및 러시아와의 정상 회담을 앞두고 승부수를 던진 셈이었다. 하지만 이러한 논리로 중국과 러시아를 설득하기란 역부족이었다. 블라디미르 푸틴 러시아 대통령과 시진핑 중국 국가주석은 오히려 사드 반대 입장을 더욱 확고히 밝혔다.

그럼에도 불구하고 '조건부 사드 배치론'은 국내에서 계속 제기되고 있다. 그러나 타당성이 극히 떨어지는 접근법이다. 그 이유는 핵 군비경쟁과 MD 사이의 역사적 궤적만 살펴봐도 어렵지 않게 알 수 있다. 20세기 가장 중요한 군비통제 조약으로 일컬어지는 탄도미사일방어(ABM)조약은 전략무기제한협정(SALT)과 동시에 체결됐다. 1972년 체결된 ABM조약은 미국과 소련이 사실상 MD 구축을 포기하기로 한 조약이다. 그리고 이 조약 덕분에 양측은 공격용 무기 제한 협정을 체결할 수 있었던 것이다.

1980년대에도 흡사한 일이 있었다. 미국의 레이건 행정부가 83년 전략방위구상(SDI)을 밝히고 소련이 이에 대응해 핵미사일 능력을 비약적으로 증대하면서 '신냉전'과 '핵겨울(nuclear winter)'이 지구촌을 배회했었다. 1986년에 양국이 보유한 핵무기 보유수가 7만 개에 육박할 정도였다. 하지만 80년대 후반 들어 미국이 SDI를 사실상 철회하면서 핵군축의 문이 활짝 열렸다. 중거리핵미사일폐기(INF) 협정과 전략무기감축협정(START)이 잇따라 체결된 것이다.

이후에도 조지 H.W 부시(아버지 부시)와 빌 클린턴 행정부는

ABM조약을 유지함으로써 러시아와의 전략무기 감축에 성과를 낼 수 있었다. 이에 반해 조지 W. 부시(아들 부시) 행정부가 ABM조약을 파기하고 MD 구축에 본격 나서면서 러시아는 물론이고 중국도 미국 주도의 MD를 뚫기 위해 핵무기 현대화에 박차를 가했다. 이러한 추세는 오바마 행정부 들어서도 지속되고 말았다.

이를 통해 알 수 있듯이 사드를 비롯한 MD는 적대국이나 경쟁국의 핵 폐기를 유도하는 것이 아니라 오히려 핵 능력 증강을 부채질하는 속성을 지닌다. MD를 펼칠 때 핵 군비경쟁이 기승을 부리고 MD를 접을 때 핵감축의 시대를 열 수 있었던 것이다.

이러한 양상은 북한을 상대로도 마찬가지로 나타나고 있다. 2016년 7월 8일 한미 양국의 사드 배치 발표 이후 북한은 잠수함발사탄도미사일(SLBM), 스커드, 노동, 무수단 등 지대지 중단거리탄도미사일을 연이어 시험 발사했고, 9월 9일에는 5차 핵실험도 강행했다. 북한으로서는 한·미·일이 사드와 같은 MD 능력을 지속적으로 강화하려고 하자, 핵 능력 강화로 맞대응을 선택한 것이다. 사드가 북핵이라는 원인을 제거하기는커녕, 오히려 북핵을 키울 소지가 크다는 것을 실증적으로 보여주고 있는 셈이다.

유럽의 사례를 보더라도 '조건부 사드 배치론'은 결코 녹록치 않다. 미국은 유럽형 MD를 추진하면서 오로지 이란의 위협에 대처하기 위한 것이라고 주장해왔다. 그런데 이란과의 핵 협상이 타결된 이후에도 유럽형 MD는 계속되고 있다. 이에 맞서 러시아는 MD 기지를 겨냥해 핵미사일을 재배치하겠다고 경고하고 있다. 그러자 미국은 러시아의 위협에 맞서기 위해 유럽 MD를 철회할 생각이 더더욱 없어졌다. 이러한 작용-반작용이 악순환을 형성하면서 유럽 상공에서도 냉전의 유령이 배회하고 있는 실정이다.

이러한 유럽의 사례는 사드 논란과 관련해서도 시사하는 바가 크다. 누누이 강조하지만 사드 배치와 북핵 해결이 양립하기란 불가능에 가깝다. 오히려 북핵을 키워줄 소지가 크다. 이 뿐만이 아니다. 한국 내 사드 배치를 전략적 균형의 와해로 간주해온 중국과 러시아는 핵전력 증강으로 맞설 가능성이 높다. 이렇게 되면 중국과 러시아 위협론이 부상할 수 있고, 미국은 이를 근거로 사드를 비롯한 MD 강화의 명분으로 삼게 될 것이다.

　중국의 한 전문가도 '조건부 사드 배치론'을 제시한 바 있다. 중국 청화대의 리빈 교수는 "중국이 우려하는 것은 사드 레이더"라며, "만약 한국이 AN/TPY-2레이더 대신 그린파인레이더를 배치하기로 결정한다면 북한의 미사일 위협에 대응하면서도 중국의 우려를 불식시켜 한·중 양국 관계를 바로잡아줄 것이다."라고 주장했다.* 고려해볼 수 있는 대안이지만, 미국이 응할 가능성은 낮아 보인다. 미국은 10년 가까이 사드를 AN/TPY-2레이더와 연동시켜 훈련도 하고 작전도 짜왔다. 그런데 이걸 그린파인레이더로 대체하면 시험평가부터 다시 해야 한다. 한국 내 X-밴드레이더 배치를 전제로 사드 포대 배치를 추진해온 미국이 흔쾌히 응할 가능성이 낮은 까닭이다.

---

* 〈경향신문〉, 2016년 8월 3일. 한편 그린파인레이더는 탐지거리가 500~900km에 달하는 것으로 한국도 이스라엘로부터 2기를 수입했다.

23. 사드의 대안은 무엇인가?

사드는 북핵 대처에는 무용지물이고, 한국의 이익에는 백해 무익하다. 그러나 북한의 핵과 미사일 능력이 고도화되고 있는 현실도 무시할 수 없다. 북한이 핵을 포기할 가능성도 난망해 보인다. 그래서 이 책을 읽는 독자들 가운데에는 답답함과 갈증을 느끼는 사람도 있을 것이다. "대안이 뭐냐"고 말이다. 박근혜 정부를 비롯한 보수 진영이 따지듯 묻는 질문이기도 하다. 사드는 '대안'이 아니라 '대란'을 초래하고 있다는 점을 재차 강조하면서, 세 가지 기본적인 관점을 먼저 강조하고 싶다.

첫째, 이 세상에 100% 완벽하고 확실한 대안이란 존재하지 않는다. 당연한 듯 보이면서도 선뜻 수용하기 힘든 관점일 것이다. 하지만 우리는 이런 세상에서 살고 있다. 교통사고가 날 수도 있는데 차를 이용하고, 배가 침몰할 수 있는데 배를 타고, 비행기가 추락할 수 있는데 비행기를 타고, 거리에도 각종 위험이 도사리는데 거리를 활보한다. 이게 무서워 집에만 있겠다고 해도 100% 안전하지는 않다. 천장이 무너질 수도 있고 지진으로 땅이 갈라지거나 꺼질 수도 있기 때문이다. 그런데도 우리는 이러한 위험을 안고 산다. 한편으로는 위험을 최소화하기 위해 노력하면서도, 다른 한편으로는 과대망상에 사로잡혀 사는 것보다 낫다는 걸 알고 있기 때문이다. 북한의 위협은 비슷하면서도 다르다. 북한의 위협은 핵문제가 해결되어도 평화체제가 구축되어도 심지어 통일이 되어도 100% 완벽히 사라질 수는 없다는 점에서 비슷하다. 하지만 다른 점이 있다. 바로 인간이 하기 여하에 따라 그 위협을 억제·관리·해결할 수 있다는 점이다.

둘째, 100% 완벽한, 즉 '절대 안보'를 향한 욕망에서 깨어날때, 비로소 가능하고도 타당한 대안을 모색할 수 있다. 안보는 상대가 있는 게임이다. 그래서 나의 안보를 증진시키기 위한 조치가 상대방의 반작용을 야기해 오히려 나의 안보를 위태롭게 할 수 있다. 군비경쟁과 긴장 고조를 불사하겠다는 것보다 안보 딜레마를 예방하는 게 더 현명하고 경제적이며 안전한 방법이라는 것이다. 이 책에서 여러 차례 소개한 ABM조약에 이 정신이 담겨 있었고, 국제사회가 이 조약을 30년 동안 '국제 평화와 안전의 초석'이라고 칭송한 이유이다.

셋째, 상대방이 안전하다고 느낄 때 나의 안전도 비로소 확보될 수 있다. 적대 관계에서는 갖기 힘든 관점일 수 있다. 냉전 종식의 주역인 고르바초프도 "상대방이 불안해야 내가 안전할 수 있다고 믿었다." 하지만 그는 "상대방이 안전해야 나도 안전해질 수 있다는 것을 깨달았다." 이른바 고르바초프의 '신사고'이다. 이러한 안보관의 대전환 덕분에 총성 한방 울리지 않고 냉전 종식을 이끌어낼 수 있었다.

이러한 세 가지 관점을 기초로 사드의 대안, 즉 실효적인 북핵 대처 방안을 세 가지로 설명해보고자 한다. 혹자는 뭔가 신선한 대안을 원하겠지만, 20년을 훌쩍 넘긴 북핵 역사 앞에서 크게 새로울 것은 없다. 문제의 본질은 해법의 부재가 아니라 문제를 풀고자 하는 의지와 실력의 부족이기 때문이다.

세 가지 방안은 평화 지키기(peace keeping), 평화 관리하기(peace managing), 평화 만들기(peace making)이다. 나는 이걸 '못·안·쏠'이라고 표현하기도 한다. 군사적 억제를 통해 북한으로 하여금 핵미사일을 '못' 쏘게 하고, 관계 개선을 통해

'안' 쏘게 하며, 협상을 통해 '쏠' 것을 줄여나가고 궁극적으로는 폐기하자는 것이다. 이들 가운데 대북 군사적 억제는 이미 작동하고 있고, 관계 개선과 협상은 한미 양국이 회피해온 것들이다. 또한 이들 세 가지를 삼자택일할 것이 아니라 조율·병행하는 게 바람직하다.

먼저 '평화 지키기'에 해당하는 군사적 억제의 측면을 살펴보자. 남북한이 군사적으로 대치하고 있고 한반도는 정전 상태라는 점에서 군사적 대북 억제는 불가피하다. 그런데 박근혜 정부는 사드 이외에는 마치 북핵을 상대할 수 있는 군사적 수단이 없는 것처럼 말해왔다. 하지만 한미 연합전력은 북한을 압도하고도 남는다. 미국이 툭하면 한반도로 보내는 전략폭격기 1기에 탑재할 수 있는 핵폭탄의 위력은 북한의 모든 핵무기를 합친 것보다 강력하다. 한국 국방부에 따르더라도 남한은 북한보다 30배나 많은 군사비를 써왔다. 사정이 이렇다면 국가 안보를 책임진다는 정부는 "국민 여러분들은 한미동맹의 압도적인 대북 우위와 강력한 군사적 억제력을 믿고 생업에 종사해주십시오."라고 말하는 게 정상이 아닐까? 그런데 박근혜 정부는 국민들에게 북핵 공포심을 자극하면서 사드 배치를 밀어붙이려고 한다. '혼이 비정상'이 아니고선 설명하기 힘든 화법이다.

　그렇다면 사드가 없이도 한미 연합전력의 공격력으로 북한을 억제할 수 있을까? 과거 미국은 사드를 비롯해 MD가 없는 상태에서도 최대 4만 개의 핵무기를 보유한 소련을 성공적으로 억제했다. 소련이 핵미사일을 발사하는 순간, 가공할 보복을 당할 것이라는 의지와 능력을 과시한 덕분이다. 물론 이 역관계도 성립했다. 이와 같은 역사적 사례는 사드와 같은 MD가 없이도 적대국의 핵 위협에 대한 효과적 억제가 가능했음을 보여준다. 그렇다면 소련도 억제한 미국이 북한을 억제하지 못할까? 북한보다 30배나 많은 군사비를 쓰고 있고 있는 한국은? 이 두 나라를 합친 한미동맹은? 북한은 살려고 핵무기를 만들었다고 하는데, 그 무기를 쓰는 순간 지구상에서 사라지는 선택을 할 것이라는 게 과연 합리적인 가정인가?

　이와 관련해 박근혜 대통령을 비롯한 일각에서는 김정은 위원장의 정신 상태를 문제 삼고 있다. "김정은은 예측불허의 성격으로 도발을 현실화할 가능성이 크다."거나, "김정은의 정신 상태는 통제 불능이라고 봐야 할 것"이라는 박근혜의 발언이 대표적이다. 억제는 상대방의 이성과 합리성을 전제로 하는데 김정은은 제 정신이 아니기 때문에 무모한 핵공격에 나설 수 있다는 취지이다. 그런데 한민구 국방장관은 "북한이 제정신을 갖고 있다면 (수도권을 향해) 무수단미사일을 고각으로 발사할 이유는 전혀 없다."고 했다. '누구 말을 믿어야 할까?'라는 실소를 자아내는 풍경이 아닐 수 없다.

더구나 김정은에 대한 일반적인 평가는 다르다. 가령 〈뉴욕타임즈〉는 미국의 한반도 전문가들의 인터뷰를 종합해 "북한은 미치기는커녕 너무 이성적이다(North Korea, Far From Crazy, Is All Too Rational)."라고 평가했다.* 미국의 저명한 현실주의 국제정치학자인 스테판 월트는 "위협을 과장하는 사람들은 (김정은과 같은) 핵 깡패들은 억제가 불가능하고 방사능 홀로코스트를 일으켜 자살할 준비가 되어 있다고 주장하지만" "그들은 자기 보존이라는 본능에 매우 충실하다."고 일갈한다.** 제임스 클래퍼 미국 국가정보국(DNI) 국장조차도 "북한 지도부는 재래식 군사력의 결핍 때문에 (핵무장을 통한) 억제와 방어에 초점을 맞추고 있다."며, "결정적인 군사적 패배의 순간이 오지 않는 한"

---

* The New York Times, September 10, 2016.

** http://foreignpolicy.com/2016/09/08/my-top-5-foreign-policy-unicorns-and-why-i-want-to-kill-them/

핵무기를 사용하지 않을 것이라고 봤다.* 이는 북한에게 핵무기는 근본적으로 억제의 수단이고 이에 따라 북한을 압도하는 한미연합전력이 북한을 성공적으로 억제할 수 있다는 것을 의미한다.

두 번째 대안은 '평화 관리하기'에 해당하는 관계 개선이다. 북핵이라는 존재를 관계로 관리하자는 취지이다. 흔히 핵무기를 '다모클레스의 칼'에 비유하곤 한다.** 1961년 9월에 유엔 총회 연설대에 선 존 F 케네디가 "모든 남성과 여성, 그리고 어린이의 생명은 '다모클레스의 핵검核劍' 이래에 놓여 있다."고 말한 게 그 시초이다. 이에 빗대어 우리 역시 "북핵을 머리 위에 이고 살 수는 없다."는 말을 종종 듣고 또 하기도 한다. 그런데 칼의 무게와 말총의 두께가 반비례하고 있다. 칼은 북핵이라는 '존재'인데 무거워지고, 말총은 북한과의 '관계'인데 얇아지고 있다. 그래서 혹자는 핵검이 떨어질까 봐 사드라는 철모를 쓰

---

* http://www.dni.gov/files/documents/2014%20WWTA%20SFR_SASC_11_Feb.pdf
** '다모클레스의 칼'은 시칠리아 시라쿠스의 참주(僭主) 디오니시오스 2세에서 유래된 말이다. 디오니시오스는 자신의 측근인 다모클레스를 연회에 초대하여 한 올의 말총에 매달린 칼 아래에 앉혔다. 참주의 자리가 얼마나 불안한 것인지 깨달아 보라는 의미였다. 이 일화는 로마의 키케로가 인용하면서 유명해졌고, 케네디의 연설에서도 언급됨으로써 핵과 인류의 불안한 동거를 상징하는 말이 되었다.

자고 한다. 그런데 핵검은 철모를 피해 어디든 떨어질 수 있고 또 철모 자체도 뚫을 수 있다. 혹자는 핵검을 빨리 없애야 한다고 한다. 하지만 안타깝게도 이건 지난한 시간과 굉장한 노력을 요한다. 하여 말총, 즉 북한과의 관계가 대단히 중요하다. 관계 개선을 통해 말총을 잘 관리하고 두텁게 만들어야 한다.

우리는 동맹국인 미국은 물론이고 중국과 러시아가 우리에게 핵공격을 가할 것이라고 생각하지 않는다. 그건 이들 나라의 핵전력이 약해서가 아니라 핵공격을 가할 하등의 이유가 없다고 보기 때문이다. 그리고 이러한 신뢰는 관계 개선에 힘입은 바가 크다. 마찬가지로 남북관계 개선은 혹시라도 북핵이 사용될 수 있는 환경 자체를 제거하는데 큰 기여를 할 수 있다. 관계 개선은 군사적 긴장을 낮춤으로써 우발적인 무력 충돌 및 확전 가능성을 관리하는 데에 큰 도움이 된다. 또한 상호간의 이익의 크기를 늘려줌으로써 전쟁을 예방하고자 하는 동기를 강화시켜준다.

끝으로 '평화 만들기'에 해당하는 협상이다. 협상을 말하면 얼굴 찌푸리는 사람들이 있다. 피로감을 호소하는 사람들도 있다. 하지만 단언컨대, 지금까지 협상다운 협상은 한 번도 없었다. 물론 그 문턱에는 가본 적이 있다. 2000년 빌 클린턴은 평양에 가서 김정일과 북미기본조약을 체결할 계획이었다. 하지만 백악관의 새 주인이 백악관에 들어가기도 전에 그의 방북길을 막았다. 이랬던 조지 W. 부시가 개과천선을 하면서 2008년에 최종 담판을 지을 수 있는 절호의 기회가 왔다. 그런데 이번에는 청와대의 주인이 바뀌었다. 새 주인 이명박은 그해 8월에 김정일이 쓰러졌다는 소식을 듣고 '통일'을 떠올렸다. 그리곤 6자회담 프로세스에 제동을 걸었다.

그 후로 6자회담은 2008년 12월을 끝으로 9년 가까이 한 차례도 열리지 않고 있다. 특히 2005년 9·19 공동성명에서 합의한 정전체제를 평화체제로 대체하기 위한 '별도의 포럼'은 단 한 차례도 열리지 않았다. 이러한 협상 기피증은 박근혜 정부 들어서 더욱 강화되었다. 최근 사례만 보더라도 2016년 2월에 중국이 제안한 '한반도 비핵화와 평화체제 병행 협상'을 거부했고, 북한이 7월 6일 약 3년 만에 '조선반도 비핵화'를 언급하면서 협상 의사를 내비친 것조차도 일축했다. 오바마도 '전략적 인내'라는 협상 기피 정책으로 일관했다.

물론 협상을 한다고 해서 비핵화가 단번에 이뤄지는 것은 아니다. 하지만 북한이 보유한 핵무기가 20개일 때와 100개일 때 우리 안보에 미치는 영향은 크게 달라진다. 그래서 협상의 1차적이고도 당면한 목표는 '북핵 동결'에 맞춰져야 한다. 가령 '3NO'(No more, no better, no export)와 한반도 평화협정 체결을 진지하고도 유력하게 검토할 필요가 있다. 이러한 전환점을 만들기 위해서는 출발점을 잘 잡아야 하고 결승점도 목표에 두어야 한다. 이에 대한 자세한 제안은 다음 글에 담았다.

이러한 세 가지 대안, 즉 '억제-관계-협상'은 취사선택이 아니라 상호 조율된 형태로 병행하는 게 바람직하다. 관계 개선과 협상에 진진이 이뤄지면 군사적 억제력도 하향 조정할 수 있어야 한다. 다만 이러한 접근법의 대전제가 있다. 그건 바로 사드 배치를 철회하거나 최소한 유보해야 한다는 것이다. '사드 있는 한국'은 북핵을 잡을 수 없지만, '사드 없는 한국'은 북핵을 잡을 수 있는 기회의 문을 열 수 있기 때문이다.

24. 협상은 희망인가?

한국에 배치된 사드는 북핵을 잡을 수 없다. 오히려 키운다. 반면 사드 배치 철회는 북핵을 잡을 수 있는 기회의 문을 열게 된다. 이 역설을 이해하는 게 핵심이자, 이 책에서 가장 호소하고 싶은 것이다.

사드 배치 결정의 의도하지 않은 '잠재적 효과'가 있다. 이 결정을 철회하거나 유보하면 한반도 문제를 풀 수 있는 '전화위복'의 기회가 올 수 있다는 게 바로 그것이다. 중국은 사드 배치 결정이 재검토되면 북핵 문제 진전을 이루려고 전례 없는 노력을 기울이게 될 것이다. 진전이 없으면 또다시 사드 배치론이 힘을 얻게 될 것이기 때문이다. 이건 러시아 역시 마찬가지이다. 한국 내에서도 협상론이 대안으로 부상할 것이다. 일각에서는 미국의 전술핵 재배치나 한국의 독자적인 핵무장을 주장하겠지만, 이는 결코 대안이 될 수 없다. 그렇다면 협상이외에 대안은 없게 되는 셈이기 때문이다. 더구나 이를 결정할 한국의 정치 리더십은 박근혜 정부가 아니라는 점에서 더욱 희망적이다.

협상 재개의 가능성을 높이고 협상 재개 시 성공 가능성도 높이기 위해서는 현실적이면서도 대담한 해법을 마련해야 한다. 그 출발점은 한반도 평화체제에 대한 능동적이고도 적극적인 태도를 갖는 것이다. 북핵 문제의 뿌리는 미소 냉전 종식 이후에도 30년 가까이 지속되어온 한반도 냉전체제에 있다. 그래서 북핵의 뿌리를 캐내기 위해서는 냉전체제, 더 정확히 말해 정전체제를 평화체제로 대체해야 한다. 기실 '전쟁도 평화도 아닌 휴전 상태'를 64년째 유지해오고 있는 것이야말로 '비정상의 극치'이다. 한국을 지정학의 감옥에 가두고 지경학의 기회를 유실시키고 있는 주범이기도 하다. 이는 우리가 정전체제를 평화체제로 전환하려고 하는 진지한 노력을 기울일 때, 비로소 대한민국의 재도약을 가능케 한다는 것을 의미한다.

한반도 평화체제 구축 노력은 앞서 말한 '억제-관계-협상'으로 이뤄진 삼중주의 핵심이다. 대북 억제력은 필수적이지만 동시에 한반도의 군비경쟁과 군사적 긴장을 고조시킬 위험성도 내포하고 있다. 그런데 이를 평화체제 구축 노력과 병행하면 이러한 위험성을 최소화할 수 있다. 또한 이러한 노력은 남북관계 개선에 획기적인 전환을 가져올 수 있다. 관계의 획기적인 전환은 한반도 전쟁 가능성을 극적으로 낮추는 효과도 있다. 아울러 평화체제에 대한 능동적 태도는 북한 지도부의 전략적 계산을 바꿀 수 있는 가장 확실한 방법이다. 이는 곧 협상의 성공 가능성을 높이게 된다는 것을 의미한다. 이를 전제로 세 가지 구체적인 제안을 제시해보고자 한다.

첫째, 북한의 핵동결 '조치'와 남·북·미·중 4자 평화협정 '체결'을 동시에 하자는 것이다. 핵동결 조치 문제는 6자회담에서, 평화협정은 4자 평화포럼에서 집중적으로 논의할 수 있을 것이다. 여기서 핵동결은 이른바 '3 No'를 의미하는 것으로, '양적 증강'을 차단하기 위한 핵시설 가동 중단(No more), '질적 향상'을 차단할 목적으로 추가 핵실험 및 위성 발사를 포함한 장거리 로켓 발사 중단(No better), 그리고 핵무기 및 기술과 물질 해외 이전 중단 약속 유지(No export)이다. 평화협정 체결 시점은 국제원자력기구(IAEA) 등 동결 감시단이 영변으로 복귀해 동결 상태 확인을 마친 직후로 상정해볼 수 있을 것이다.

둘째, 한반도 비핵화를 평화협정 조항에 포함시키자는 것이다. 이러한 접근법은 "평화협정 논의가 비핵화의 초점을 흐릴수 있다."거나 "북핵 폐기가 완료되지 않은 상태에서 평화협정을 체결하면 북핵을 인정하는 셈이 된다."는 일각의 우려를 해소하는 데 기여할 수 있다. 평화협정에 명시되어야 할 비핵화 조항은 크게 두 가지이다. 하나는 북한의 핵 폐기 대상, 방식, 시한을 명시하는 것이다. 북한의 조속한 핵확산금지조약(NPT)복귀 의사 재천명도 포함되어야 할 것이다. 또 하나는 한반도의 온전한 비핵화를 실현한다는 의미에서 남한의 비핵화 공약준수, 미국의 대북 소극적 안전보장 제공, 군사훈련에 핵무기및 그 투발수단 반입 금지, 북핵 폐기 완료시 미국의 핵우산철수 등도 포함되어야 할 것이다.

셋째, 한반도 평화협정을 '기본 협정(basic treaty)+추가의정서(additional protocol)' 방식을 추진하자는 것이다. 이러한 방식은 남북기본합의서를 비롯해 국제사회에서 통용되어온 여러 조약 체결 방식과 흡사한 것이다. '기본 협정'에는 상호 주권 존중, 한국전쟁의 공식적인 종식, 상호 불가침, 한반도 비핵화, 군사적 신뢰구축 조치 등 원칙적이고 조속히 합의 가능한 항목들을 담을 수 있을 것이다. '부속 합의서'에는 북방한계선

(NLL), 유엔사와 주한미군, 군축 문제, 평화체제 관리기구 구성과 운용과 같은 까다롭고 긴 협상을 요하는 항목들을 담을 수 있을 것이다. 평화협정을 이렇게 나누어 제안한 핵심적인 이유는 북핵 동결은 시급한 과제인 반면에, 전체 평화협정 협상에는 상당한 시간이 소요될 것이라는 현실적 판단 때문이다. 그런데 평화 협정을 기본 협정과 부속 합의서로 나누고 기본 협정 체결을 먼저 추진하면, 그 시간을 대폭 단축할 수 있을 뿐만 아니라 북핵 해결에도 중대한 전환점을 만들수 있다.

이처럼 북핵 동결과 한반도 기본 평화협정 체결을 이뤄내면, 악화일로를 걸어온 한반도 문제는 '전환점'을 맞이할 수 있다. '출발점'은 북한의 핵실험 및 위성을 포함한 장거리 로켓 발사 유예와 한미합동군사훈련 취소 내지 대폭 축소, 그리고 6자회담과 평화협정 논의 개시 등으로 삼을 수 있을 것이다. 이렇게 하면 북핵 폐기와 북미 수교 등을 핵심으로 하는 '결승점'도 결코 멀지만은 않을 것이다. 물론 이러한 새로운 접근법의 대전제는 사드 배치 재검토에 있다.

국립중앙도서관 출판시도서목록(CIP)

사드의 모든 것 / 지은이: 정욱식. — 파주 : 유리창, 2017
   p. ;   cm

ISBN 978-89-97918-21-8 03340 : ₩12000

핵문제[核問題]
북한(국명)[北韓]

349.82-KDC6
327.1747-DDC23   CIP2017002369

이 도서의 국립중앙도서관 출판예정도서목록(CIP)은 서지정보유통지원시스템 홈페이지
(http://seoji.nl.go.kr)와 국가자료공동목록시스템(http://www.nl.go.kr/kolisnet)에서
이용하실 수 있습니다.(CIP제어번호: CIP2017002369)

사드의 모든 것

1판 1쇄 인쇄 2017년 2월 3일
1판 1쇄 발행 2017년 2월 10일

지은이 정욱식
펴낸이 우좌명
펴낸곳 출판회사 유리창
출판등록 제406-2011-000075호.(2011.3.16)
주소 10881 경기도 파주시 문발로 115 세종출판타운 402호
전화 031-955-1621
팩스 0505-925-1621
이메일 yurichangpub@gmail.com

© 정욱식 2017

ISBN 978-89-97918-21-8 03340